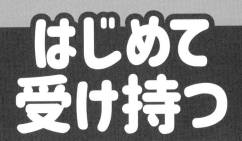

はじめて受け持つ

4 小学校年生の

学級経営

小川 拓 編著

新しい時代の学級経営とは

　2020年4月、コロナ禍で多くの学校が休校を余儀なくされる中で、小学校では新しい学習指導要領が全面実施となりました。「社会に開かれた教育課程」「カリキュラム・マネジメント」「主体的・対話的で深い学び」「プログラミング教育」など、多くのキーワードが語られていますが、その多くは教科の学びに関することです。

　では、学級経営は、これまで通りでよいのでしょうか。答えは「否」です。もちろん、これまでのやり方を180度転換する必要はありませんが、変えていかねばならない部分は少なからずあります。

　ポイントは大きく二つあります。一つ目は子供たちの「主体性」を伸ばすことです。

　これまでの日本社会は、製品等をより効率的・大量に生産し、流通・販売させることで発展してきました。そして、学校教育では与えられた課題を「速く」「正確に」こなす力を子供たちに養っていました。

　しかし、時代は変わり、今は自ら課題を見つけ、周囲と協働しながら解決・改善していく力が求められています。会社で言えば、製品を作ったり、管理したりする力よりも、新しい商品・サービスを企画したり、販売や流通のアイデアを提案したりする力が求められているのです。今後、単純作業の多くがAI（人工知能）に代替されていけば、その傾向はますます強まるでしょう。

　そうした流れの中で、新しい学習指導要領では「主体的な学び」が提唱されました。とはいえ、子供の「主体性」は教科の学びの中だけで育まれるものではありません。日々の学級活動、学校行事、そして教師と子供たちとの交流なども含め、教育活動全体を通じて育まれていくものです。

　二つ目は、子供たちに「多様な他者と協働していく力」を養うことです。

　今の日本社会は、10年前、20年前とは比べ物にならないほど多様化しています。自分が受け持つクラスに、外国籍の家庭の子供がいるという教師も多いことでしょう。また、現在の学校では、発達に特性のある子供への対応も求められています。こうした流れも含め、これからの時代の学級集団はますます、多様なバックボーンを持つ子供たちで構成されるよう

になっていくはずです。

　実社会に目を向けても、多様化は進んでいます。企業の中には、多様な国籍の人たちが国境を超えて集い、互いに連携しながらビジネスを展開している所も少なくありません。今後、オンライン化やテレワーク化が進む中で、そうした傾向がさらに強まっていく可能性もあります。

　すなわち、これからの時代を生きる子供たちには、多様な価値観・文化・背景と触れ合い、対話を重ねながら合意形成を図っていく力が求められています。そうした背景も含め、新しい学習指導要領では「対話的な学び」が提唱されたわけです。この力も、教科指導だけでなく、生活指導も含めて育んでいくべきものだと言えます。

　つまり、これからの時代の学級経営は、たとえ子供たちが教師の言うことにきちんと従い、完璧に統率が取れていたとしても、活動が受け身で相互理解が図られていないようでは意味がありません。目指すべきは、子供たちがやりたいことを次から次へと提案し、友達と意見交換をしながら、主体的に計画・実行していくような学級です。そうした学級経営こそが、「予測不可能な社会」をたくましく生きていく子供たちを育てるのです。

　本書「はじめて受け持つ小学校４年生の学級経営」は、そうした学級経営を実践するための知恵やアイデアを詰め込んだ実用書です。１〜６年生版の全６冊シリーズで構成され、それぞれの学年の発達段階を踏まえ、効果的な学級経営のやり方等が解説されています。全６冊とも全て、４月の「始業式（入学式）」から始まり、３月の「修了式（卒業式）」で終わる時系列構成になっているので、その時々でご活用いただけます。難しいことは抜きにして、すぐに使えるネタや小技、工夫が満載なので、「学級経営に悩んでいる」という先生や「初めて○年生を受け持つ」という先生は、ぜひ手に取ってみてください。

2021年3月

小川　拓

contents

イラスト　後藤 美穂

PART 1

学級経営の基本

　最高のクラスをつくるために、まずは学級経営の基本を確認しましょう。このPARTでは、絶対に失敗しない学級経営の法則、4年生の担任として押さえておきたい発達段階・道徳性などを解説していきます。

1 絶対に失敗しない 学級経営
―「3つの法則」でより良い学級経営を―

1. 人間関係が良ければ成長する法則

　皆さんは新しい学級を担任したら、どのようなクラスをつくりたいでしょうか。「やさしいクラス」「楽しいクラス」「素敵なクラス」等、きっといろいろな思いがあることでしょう。そうしたクラスをつくるために、何を一番に考えて指導していく必要があるでしょうか。それは、ズバリ**「人間関係」**です。特に小学校の担任は、学級の中の人間関係をより良くするための指導ができなければ、つくりたいクラスはつくれません。

　皆さんは、**「人間関係を崩した」**ことがありますか？

　もう少し、具体的に言うと、「仲間はずれにされたことがありますか？」「特定の人と組織（学級を含む）内で口も聞かないくらい気まずい関係になったことがありますか？」教師になるまでの間でも、一度くらいは経験がある人も多いでしょう。その時、どんな気分だったでしょう。人間関係が苦で、何も手につかなかったのではないでしょうか。

　人間関係が良くなければ、人は何もやる気が起きなくなってしまいます。右の図はアルダファーのERG理論のピラミットです。このピラミットのように、「生存欲求」が満たされると、人は「関係欲求」を満たそうとします。「関係欲求」が満たされると自分の成長を満たしたくなるのです。極端な話、人間関係さえより良くできれば、人は勝手に成長していくのです。それは勉強だけに限りません。スポーツや趣味も同じで、自分を伸ばそうと努力を始めるのです。

つらくて、何も手につかないし夜も眠れない…。

アルダファーERG理論

（成長欲求／関係欲求／生存欲求）

英会話を始めたいな！毎日、体力づくりで、ランニングしよう！勉強もがんばろう！！

　このことからも、その学年に応じた学級経営を行いながら、人間関係のことも考えながら、学級経営を進めていく必要があります。

2.　褒めることで信頼関係が深まる法則

　人は信頼している人の言うことしか聞きません。威圧的な教師や上司の言うことを聞く場合もありますが、それは心の底から話を聞き、態度に表しているのではなく、怖いからやるのであって能動的な行動ではありません。そのような状況下では、大きな成長や創造的な考えは生まれないでしょう。

　それでは、子供たちはどのような人を信頼するのでしょうか。それは簡単です。褒めてくれる人のことを信頼するのです。言い換えれば、褒めてくれる人の言うことを聞くのです。心の底からという言葉を付け加えるのであれば、褒める人の言うことしか、「心の底」から聞きません。

　より良い信頼関係を築くためには、どのように褒めていけばよいのでしょうか。人間は、人の悪い所はよく目につくものです。気を付けていなくても悪い所やいけない行為は気になります。その部分について指摘するのは簡単です。一方で、褒めるという行為は、常に対象となる子供たちを褒めてあげようという気持ちがなければ、褒めることはできません。そうしなければ、気付かないで流れてしまうのです。

　人を褒めるときには、「褒めるという自分のスイッチを入れ、スイッチをオンのまま壊す位の気持ちが必要だ」と考えます。「褒めてあげよう！褒めてあげよう！」という気持ちを常に持たなければ、子供を褒めることはできないのです。

　それでは、褒める際にはどこに気を付ければよいのでしょうか。以下、「褒め方10か条」を紹介します。

褒め方10か条

1. 小さなことでも進んで褒める。
2. タイミング良く素早い反応で褒める。
3. 三度褒め、言葉を惜しまない。
4. 事実を具体的に褒める。
5. 成果だけでなく、過程や努力を見逃がさない。
6. 次の課題や改善点を見いだしながら褒める。
7. 言葉だけでなく、体全体で褒める。
8. スポットライトで映し出して褒める。
9. 褒めることを途中でやめない。
10. しんみりと成果を味わって褒める。

3.「きまり」の徹底が学級をより良くする法則

学校や学級には大きな「きまり」から小さな「きまり」まで、さまざまなものがあります。大きな「きまり」は事故につながったり、人命に関わったりするようなこと、あるいは一人一人の人権に関わるようなことなどが挙げられます。これらの「きまり」は、子供が考えて決めるものではありません。生徒指導に加え、全教科・領域の中で行う道徳教育等を通して、指導の徹底を図っていく必要があります。

大きな「きまり」ではない小さな「きまり」については、学級の中で決めていくことが大事です。低学年であれば、ある程度は担任が決めてあげる必要もあるでしょうが、なるべく子供同士が話し合いながら決めていくことが望ましいでしょう。

教室の中には、目に「見えないきまり」がたくさんあるのです。掲示してあるような「きまり」がある一方で、掲示するほどではない「きまり」もたくさんあるのです。例えば、「机の上の教科書、ノート、筆記用具の配置」「自分の上着などをかけるフックのかけ方や使い方」「忘れ物をしたときの報告の仕方やその後の対応」「給食のときの並び方や片付けの仕方」「掃除の始め方や終わり方」「授業のときの挙手の仕方のきまり」等々です。これらの「きまり」を「見えないきまり」と呼びます。そうした「きまり」は、自分たちの生活をより良くすることを目指して子供たちと話し合いながら決め、大きな「きまり」については学校や教師からしっかりと伝えていくことが大事です。

(1)「見えないきまり」の作り方は?

「見えないきまり」をどうやって作るかというと、良い行いをしている子を「褒める」ことで作っていきます。教室に入ってきたときに、しっかりとあいさつをした子を褒めれば、

「先生が教室に入ってきたときにはあいさつをする」というルールが出来上がります。始業式の日にあいさつについて褒める（指導する）ことができなければ、子供たちは「あいさつはしなくてよいものだ」と思ってしまいます。

机の上の整理がしっかりとできている子を褒めれば、自分も褒められたいがために、真似をする子も出てきます。その様子を褒めれば、小さな「きまり」は定着していきます。そしてその次の時間、また翌日…といった具合に、整理整頓等ができている子を見逃さずに褒めていければ、クラス全体に浸透していくことでしょう。これは強制的なきまりではなく、子供たちが自ら進んで行う「きまり」にもなっていきます。

（2）全体に関わる「きまり」を決めるときは全体で！

休み時間などに、子供たちがこのように問い掛けてくることがあります。

「明日の図工の授業に、○○を持って来ていいですか？」

この時、即答してはいけません。細かい質問に一人一人対応していくと、後で「聞いた」「聞いていない」「あの子は許可されて、自分は許可されていない」など、人間関係を崩す要因になります。全体に関わる「きまり」の場合には、学級全体に投げ掛けることが大事です。学年の場合も同様で、自分のクラスだけ特別なものを持参していたり、特別な行為をやってよかったりすると、クラス間の人間関係も崩れます。全体に関わる「きまり」については即答を避け、クラス全体・学年全体で話し合い、方向性を決める必要があります。「きまり」を大切にするクラスは、学級経営に秩序と安心感を生み出し、より良い学び舎となるのです。

（3）その他「どうせ張るなら」こんな「きまり」

できていないことを張り出しても効果はありません。前向きになる掲示を心掛け、積極的な生徒指導をしていくことが大切です。常に前向きな言葉掛けで、子供を育てましょう。

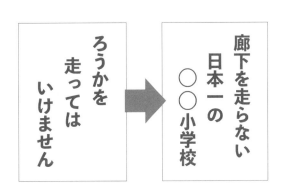

2 4年生担任の押さえておきたいポイント
―発達段階と道徳性の理解―

1. 4年生の体と心の発達

「『つ』がつくうちに仕込め」という言葉があります。長く「子育ての知恵」として受け継がれてきた言葉で、9歳（ここの<u>つ</u>）〜10歳に大きな節目があることを物語っている言葉です。4年生の1年間での変化は、小学生時代で一番大きなものかもしれません。

この時期は、個人差はありますが、身長が伸び、体重も増え、体力がついてきます。それゆえ、運動神経の発達上、とても重要な時期とされています。体育の授業だけでなく、外でしっかり遊び、体を動かすことの大切さを子供に伝え、実践させましょう。

身体も大きくなってできることが増えるため、自己肯定感を持ち始める時期でもあります。一方で、「他者認識」が生まれ、自分を他人と比べることができるようになるため、自己評価や自尊心が低下してしまうこともあります。これがよく言われる「9歳の壁」です。

2. 4年生の興味・関心

思考の範囲が広がり、さまざまなことに興味を持ち始めます。生活圏にとどまらず、県レベルや、国レベルのことも理解できるようになります。また、自然への興味も増し、「なぜ

こうなるのか」と原因を考えて結果に導くなど、論理的な思考をするようになります。

また、他者への意識が高まり、友達が急速に増える時期でもあります。それに伴って、友達関係の悩みも増えていきます。嫉妬などのネガティブな感情が生まれ、無視や仲間外れなどの行動につながってしまうこともあります。

3. 4年生の社会性や道徳性

　この時期は「ギャングエイジ」と言われ、友達との仲間意識が非常に強くなります。仲の良い少人数でグループを作り、グループ同士で対立したり、グループの中で仲間外しをした

りします。また、手本やルールが仲間の中にあり、広い社会の中でのそれと相容れないことがあるため、大人（教師）対集団という対立構造ができてしまうこともあります。そうならないよう、小グループには常に気を配る必要があります。また、学級活動を充実させ、望ましい学級集団をつくるための努力も必要です。

4. 4年生の指導に当たって

　4年生の指導で一番大事なことは、自分で考え、自分で答えを出すようにさせることです。「自分はもう子供じゃない」「何でも大人の言う通りにはならない」と思っている子もいるでしょう。そんな時期だからこそ、教師自身が褒めること、絶対に許さないことをしっかりと意識し、その価値観を子供たちにしっかりと伝えておかなくてはなりません。そして、してはいけないことをしてしまったときは、頭ごなしに言うのではなく、共に考えるという立場で話をするとよいでしょう。「どうしたの？」「何があったの？」など、そこに至ってしまった背景を自分で考えさせることで、自分の言動を客観的に見ることができるように促し、自分で答えを見つけるよう手助けをするのです。時間がかかっても、じっくりと待ち、自分で正しく答えが出せたときには、褒めてあげましょう。

　自己評価が低くなっている子の自己肯定感を高めるために一番必要なのは、褒めることです。あいさつや返事、ノートの提出の仕方など何でも構いません。褒めることがないときは、つくればよいのです。何か仕事や役割を与え、それを行えたときに、「ありがとう」や「さすがですね」と言葉を掛けましょう。注意するときは個別に行うのがよいですが、褒めるときはみんなの前で行うのが効果的です。

　そうして「9歳の壁」をうまく乗り越えられるよう、たくさん褒めてあげましょう。

PART 2

4月上旬〜中旬の 学級経営

　1年間のうちで最も大切だと言われるのが、年度当初の学級経営です。このPARTでは、学級が最高のスタートを切るために、4月上旬〜中旬にすべきことなどを具体的に解説していきます。

1 学級開き
－明日への希望を持たせる－

1. 学級開きの基本的な考え方

　始業式の日、子供たちは「誰と同じクラスかな？先生は誰かな？」と期待と不安で胸をドキドキさせながら登校してきます。そんな子供たちを安心させ、明日への希望を持たせ、学校へ行くのが楽しみだと思わせることができたら、学級開きは大成功です。

　そのためには、子供たちがワクワクするような、素敵な出会いをつくってあげることが大切です。

2. 始業式の日までにしておくこと

　始業式の前日までに、必ず子供たちの名前の読み方を確認しておきましょう。また、前担任から子供たちのことについて聞いておくと、以降の指導に役立ちます。机の数や高さの確認など、教室整備をしておくことも重要です。子供たちが気持ち良く教室に入って来られるようにしておきます。黒板には、教師からのメッセージとともに、座る場所など最低限の連絡も書いておき、当日、その通りにできていたら、たくさん褒めましょう。

3. 学級開き

　始業式の日、いよいよ子供との初顔合わせです。全員が座っているのを見届けたら「皆さん、進級おめでとう。担任の○○○○です」と簡単にあいさつをします。しかし、3年生のときに仲良しだった友達がいて、話し始めてしまい、なかなか前を向いて集中してくれないことがあるかもしれません。そんなときは、簡単な集中力ゲームをします。全員が前を向いたときに、すかさずあいさつをします。そして、ゲームに集中して取り組めたことを褒めてあげましょう。

　次に出席を取ります。子供の目をしっかりと見て、

> ### 集中力ゲームの例
>
> ・この指何本？（両手で示した指の数を当てる。）
> ・この字何て読む？（カードを使って3年生の時に習った漢字を当てる。）
> ・拍手ゲーム（拍手の数で向きを決める。1回は上、2回は前、3回はとなりの人を見るなど。）

大きな声ではっきりと名前を呼び、返事をしてもらいます。その時、「手が真っすぐ伸びていますね」「大きな声ですね」「目をしっかり見つめて返事ができましたね」など、全員に何か一言ずつ添えれば、子供たちは「ちゃんと自分を見てくれているな」と安心します。また、時間があれば、一人一人と握手をしながら出席を取ってもよいでしょう。

　次に、担任が自己紹介をします。後日、子供たちにも自己紹介をしてほしいので、子供たちにも分かるような項目で行います。自己紹介のプリントを配って、読み上げるという方法もあります。また、クイズにして、お家の人と考えてきてもらうというのも楽しいかもしれません。

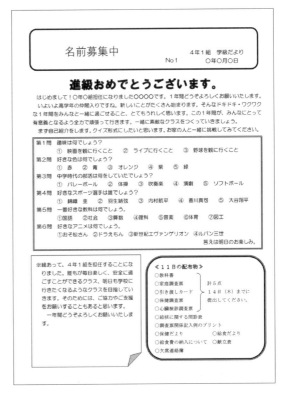

　特技を書き、それを披露するのもよいでしょう。けん玉やお手玉、楽器演奏、手品など何でもよいと思います。

　最後に、「先生が叱るときと褒めるとき」の話をします。毎日の学校生活の中で、子供たちに注意しなくてはいけないときはたくさんあります。しかし、常に「ガミガミ」言っていては、子供たちは聞くことをやめてしまいます。そこで、自分がこれだけは絶対に許さないということを、初めに宣言しておくのです。

　　　先生は、人の心や体を傷つけたときは、真剣に叱ります。自分の心や体を傷つけたときも同じです。頭から角が生えるぐらい、牙が生えてくるぐらい怖いです。それは、みんながこの学級で安心して、楽しく生活するために、一番してはいけないことだからです。もしも、みんながそのことに気が付かなければ、その都度教えます。だから、今日先生が言ったことは、絶対に覚えておいてください。

次に、褒めるときの話をします。

　　　自分の目標のために努力しているとき、人の気持ちを考えて行動しているときには思いっきり褒めます。

そして最後に、

この学級に汚い言葉や悪意があふれるのではなく、優しい言葉と楽しく、うれしい気持ちがあふれるよう精一杯努力します。みなさんも一緒にがんばりましょう。

と締めくくります。

4.　学級開きの会

　学級開きの会は、子供の自己紹介やゲームを盛り込んだ子供の活動が中心の会です。自己紹介の準備が必要なので、2日目に行うとよいでしょう。

学級開きの会プログラム　司会：担任または希望者
1　はじめの言葉
2　一人一人の自己紹介
3　みんなでゲーム
4　先生の話
5　おわりの言葉

司会「これから4年○組学級開きの会を始めます。みんなで拍手をしましょう。」
司会「初めに自己紹介です。○○さんからどうぞ。」

（1）一人一人の自己紹介

　一人ずつ前に出て、自己紹介をしてもらいます。紹介する内容は、前日に伝えておきます。特技についても披露してほしいこと、そのための物なら持ってきてもよいことを話しておくと、盛り上がります。テニスを習っていますと言って素振りをしたり、なわとびが得意ですと言って技を披露したり、ダンスを踊ったりする子もいます。

自己紹介
1　名前
2　好きなこと・好きなもの
3　嫌いなこと・嫌いなもの
4　特技
5　こんなクラスにしたい
6　その他言いたいこと

（2）みんなでゲーム

　「ソーレ」というゲームを紹介します。

「ソーレ」のやり方

● ゲームリーダーが「ソーレ」と言ったらみんなで「パンッ」と1回手を打つ
● 1回「パンッ」とそろったら、もう一度「ソーレ」と言い、今度は「パンッ、パンッ」と2回手を打つ。
● 「ソーレ」というたびに手を打つ数が増える。手を打つ数がそろわなくなったら終了。

　簡単そうですが、全員がゲームリーダーに集中しないとなかなか続きません。このゲーム

は年間を通して、時間があるときにいつでもできます。クラス全体が集中する空気を感じることができるゲームです。

　次は、班で考えたり、力を合わせて行ったりするゲームをします。「なんだなんだ班会議」というゲームを紹介します。

なんだなんだ班会議のやり方

● ゲームリーダーが赤・白・青のチョークを用意し、その中から一つを手の中に握り、「これなーんだ」と言う。
● 他の子は、「なーんだなんだ班会議」と言って何色かを班で話し合う。
● 話し合うのは10秒。何度か行って当たった数を競う。

　初めて話す人がいたり、話し合いに慣れていなかったりすると、「あと5秒」と言っても誰も何も言わずにいる班があります。そんなときは近くへ行って、「順番に何色だと思うか言ってごらん」とアドバイスをします。リーダーになり、声掛けをしていた子がいれば「○○さんの声掛けでまとまったね」と褒めます。

司会「次は先生の話です。」

　　ここでは、良かったところや良かった行動をしていた人や班を褒めます。この評価で、子供たちは教師が何をよいとしているのかを知ることができます。

司会「これで4年○組の学級開きの会を終わります。拍手をしましょう。」

　　みんなで大きな拍手をして会を締めくくります。·

5.　出会いの黒板

　初日の黒板には、子供たちへのメッセージを書いておきます。「進級おめでとう」の言葉と、自分の今の思いを書くとよいでしょう。子供たちは、誰が担任になるのかドキドキしているはずです。担任に親近感が生まれるようにしたいものです。

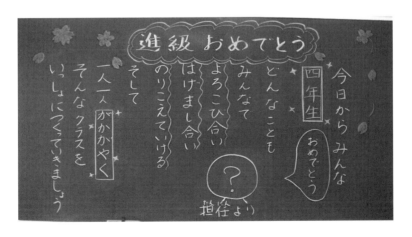

2 朝の会
―笑顔で一日の始まりを！―

1. 朝の会の基本的な考え方

　朝の会は、学級経営において大切な時間です。一日の連絡だけで終わらせてしまうのではなく、子供たちにどのような力を付けさせたいのか、実態に合わせて「ねらい」を明確にして取り組むことで、子供たちの成長につなげていく必要があります。

> ### 朝の会の「ねらい」
>
> 家庭から学校に気持ちを切り替える
> 一日の見通しを持つ
> 友達や教師と関わり、学級への帰属意識を持つ

2. 具体的な取り組み

　4年生なので、一人で堂々と話す力を付けるために、司会の日直が二人の場合、一人ずつ順番に話すようにします。

事前に日直と相談して確認しておきます。

朝の会

① 朝のあいさつ
② 宿題、連絡帳のチェック
③ 今日の予定
④ 今日のめあて
⑤ 学級への連絡
⑥ 健康観察
⑦ 先生の話

⑤までは子供たちに任せて見守り、「自分たちでできる」経験を積ませます。しっかりできていれば、朝から「褒める」ことができます。⑥から担任の登場です。

朝の会が始まるまでに、宿題を提出し、次の日の予定を連絡帳に書いておきます。

3．工夫

　時間があれば、次のような工夫を取り入れることもできます。

●1分間スピーチ

　早めにテーマを伝えておき、日直がスピーチをします。苦手な子は一緒に内容を考えてあげて、あらかじめスピーチメモを用意しておきます。話し方や聞き方を指導するチャンスにもなります。

> 〈テーマの例〉
> 「私が好きな○○」「学校生活でうれしかったこと」「行事に向けての意気込み」「もう一人の日直の紹介」「休みの日の過ごし方」など

●朝の歌

　今月の歌や学級で決めた歌を歌います。

●アイスブレイク

　短い時間でできるアイスブレイクやなぞなぞ、担任に関するクイズなどは朝から盛り上がります。

●おしゃべりタイム

　タイマーを使って、隣の子と好きなことをおしゃべりする時間を取ります。テーマを決めてあげると、話がしやすくなります。

　朝の会を充実させるためにいろいろな工夫を考えると、やりたいことがたくさん出てきてしまうものです。曜日ごとや月ごと、学期ごとに変えるなどして、内容を整理するとよいでしょう。

4．朝の会の留意点

○スムーズに進行させる

　実態に応じて、司会の台本を用意しておくと子供たちは安心して取り組めます。

○時間内に終わらせる

　必ず1時間目の始まりの時刻を守りましょう。「少しくらい時間が延びても仕方がない」という考えは危険です。これが習慣化してしまうと、1年間を通して、かなりの学習時間が削られることになってしまいます。

○健康観察は必ず教師が行う

　友達同士の関わりを増やすために、健康観察を隣同士やグループ、リレー方式などで行うケースもあるかもしれません。しかし、そのようなやり方の場合でも、教師は一人一人の様子をしっかり把握しておく必要があります。

3 帰りの会
―全員、笑顔で帰れるように―

1. 帰りの会の基本的な考え方

　帰りの会も朝の会と同様に、「ねらい」を明確にして内容を整理しましょう。しかし、子供たちは放課後のことで頭がいっぱいのはずです。シンプルに会を進行し、全員が笑顔で帰れるようにします。

```
帰りの会の「ねらい」

一日の達成感を持つ
自己有用感を育む
次の日の見通しを持つ
```

2. 具体的な取り組み

　帰りの用意が5分。帰りの会が5分。授業が終わって10分後には、全ての子供が教室を出るようにします。

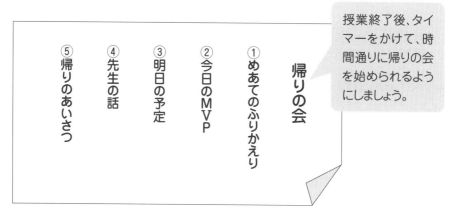

帰りの会

① めあてのふりかえり
② 今日のMVP
③ 明日の予定
④ 先生の話
⑤ 帰りのあいさつ

授業終了後、タイマーをかけて、時間通りに帰りの会を始められるようにしましょう。

3. 工夫

●帰りの会がはじまるまでに

　ランドセルの用意だけでなく、机の整理整頓、机やロッカーの中の片付け、ぞうきんをきちんとかけるなど、身の回りの清掃をさせておきます。

●めあてのふりかえり

　朝の会で伝えた今日のめあての達成度を確認します。挙手をさせて、90％くらいの子供ができたと感じていれば、達成と考えてよいでしょう。達成できていないときは、足りなかった部分を全員で確認し、もう一度、次の日のめあてにします。

●今日のMVP

　自分を助けてくれた人や学級のためにがんばっていた人、素敵な行動をとっていた人を発表します。子供から出ないときは、担任が率先して発表します。子供はいつも褒められたいと思っています。学級の中で、称賛し合える雰囲気づくりをしていきましょう。

●明日の予定

　次の日の時間割を日直が確認します。特に、提出物や絵の具セットなどの特別な持ち物の確認をしっかりと行います。

●先生の話

　要点を絞って的確に話をします。良かったところを褒めることも忘れずにしましょう。

●帰りのあいさつ

　「さようなら」の後に「じゃんけんポン！」。一日の最後に担任とじゃんけんをします。ちょっとした遊びでも子供は喜びますし、担任とのつながりを感じて帰ることができます。

4.　帰りの会の留意点

（1）一人一人の顔を確認

　子供たちの顔を見て、全員が笑顔で帰れるか確認をしましょう。万が一、様子がおかしいなと感じる子がいた場合は、必ず声を掛けて話を聞きます。もし、その子が家に帰って保護者に「明日は、学校に行きたくないな」なんて話をしたら大変です。保護者から電話がきても、解決できるのは翌日になってしまいます。加えて、時間が経つと記憶があいまいになり、きちんと解決しにくくなります。その日の問題は、その日のうちに必ず解決しましょう。

（2）担任が最後に教室を出る

　廊下や教室の後ろに整列し、昇降口まで全員で向かうようにします。子供たちが並んでいる間に、給食袋などの持ち忘れを確認したり、教室内の整理整頓を済ませたりすることができますし、教室に残って下校が遅れる子供が出るのも防げます。

4 授業開き 各教科最初の授業
—「抽象的」「論理的」な 学習内容の理解に向けて—

1. 授業開きの目的

　授業開きの一番の目的は、授業（教科）に興味を持たせることです。4年生になると学習内容が、具体的な思考によるものから抽象的な思考によるものに変化していきます。目の前の具体的な対象物を直接見たり、触ったりして学ぶことより、抽象的なものを論理的に思考して学ぶものが増えるのです。例えば、社会科では、県や国の地図を立体的に考えさせたり、理科では月や星の動きを想像させたりします。算数では、億や兆の計算や加商を立ててのわり算の筆算などがあり、こうした変化についていけず、つまずいてしまう子も少なくありません。どの教科も最初の授業では、教科書を見ながら4年生でどんな学習をするのか簡単に説明し、見通しを持たせることが大切です。

2. 授業のルールを伝える

　4年生ともなれば、基本的な授業のルールは分かっているはずです。しかし、学校に慣れているということ、4年生という年頃であるということを考えると、「この先生はどこ

- 始業時間には、授業の準備をして席に着いている。
- 授業中は原則として席を立たない。
- 授業中は、おしゃべりをしない。

まで許してくれるのかな？」と考え、いろいろと試す子供もいるかもしれません。そのため、当たり前であっても、授業のルールはしっかりと伝えます。

　学校生活の中で一番大切なルールは、「時間を守る」ことです。子供たちには、「休み時間は時間通り取ります。だから、授業の始まりの時間も守ってください」と言います。その意味で、授業を延ばすことなく、時間通りに終わらせることがとても重要です。最初のうちは、少し早めに終わらせて、次の授業の準備をさせてから、休み時間にするのもよいでしょう。

　授業中、忘れ物に気が付いたりすると、教師のところまで歩いて来て話す子がいます。そのため、授業開きの際に「授業中は緊急のときや指示したとき以外は、席を離れてはいけません」と伝えます。理由があって、どうしても離れたいときは、手を上げるように言います。

3. みんなで学ぶ雰囲気を

4年生にもなると、学力の個人差も出てきます。これ以上差が広がらないよう、みんなで学ぶ雰囲気をつくりましょう。

(1)「間違い」や「分からない」を大切にする

「教室は、みんなが考えを出し合って、分かったことはどんどん発表して、分からないことは何でも聞いて、お互いに教え合ってみんなで賢くなっていく場所です」と教えます。分からないことや間違うことを恥ずかしがってはいけませんし、間違いを笑ってはいけません。間違いから学ぶことがたくさんあると丁寧に伝え、学級に安心して間違える雰囲気をつくります。

(2) 発表するとき、聞くときの約束事をつくる

発表するときの約束を初めに決めて、子供たちに伝えます。「意見があるときは黙って手を上げます。質問やつけたしがあるときは、みんなにわかるように、言いながら手を上げましょう」といった具合にです。発表するときの約束は、右のように掲示しておくとよいでしょう。また、意見を聞くときは必ず最後まで聞き、「なるほど」や「どうしてですか？」など反応するように指導します。

> 発表するときは
> ● つけたしです。
> ● 質問があります。
> ● にている意見です。
> ● ほかにあります。

(3) グループ学習を活用する

みんなの前で意見を言うのが苦手で、一言も発することなく授業が終わってしまう子もいます。誰でも自分の意見が言えるよう、グループで意見を言い合う場面をつくってあげましょう。大勢の前で言えなくても、2～3人になら言えることもあります。また、意見が持てなかった子も、最初のうちは友達の意見を聞いて「同じ」や「違う」と思えるだけでも構いません。

(4) 教材・教具を工夫する

4年生では、抽象的な思考が求められるようになります。例えば算数では、教科書から具体的な絵がなくなり、図で表すようになります。算数が苦手な子にとっては、その図を理解するのも大変なことです。教科書だけで教えるのではなく学校にある教具等を使い、目の前で実際に見せたり、体験させたりすることも重要になってきます。

国語の授業開き ―「仲間探しゲーム」で語彙を増やす―

1. 国語科最初の授業で心掛けること

　国語科に対して苦手意識を持っている子供は少なくありません。また、クラス替えをして間もない頃は、新しい友達と交流することに苦手意識を持つ子供もいます。

　国語科の最初の授業では、言葉に対し親しみを持って取り組ませる中で、話をしたり聞いたりすることを苦手とする子供でも、楽しく活動できる内容にすることが大切です。具体的な授業の流れを紹介します。

2. 授業の構成

「先生と同じ仲間は～（教室を見回しながら）…あっ、見つけた！〇〇くん」

　冒頭からこのように伝えると、子供たちの関心を一気に引くことができます。子供たちからは「どうして？」という反応が返ってきます。

　「さて、それはなぜでしょう？」と問い掛けるとさまざまな意見が出てきます。

　「答えは、先生と〇〇くんは二人ともメガネをかけているからです。今日はみんなで仲間探しゲームをします。皆さんは何人の仲間を見つけることができるでしょうか。」

　そう言うと、子供たちはすぐに自分と同じ共通点を持つ仲間を探し始めようとします。そこで、まずはウォーミングアップとして、隣の席の人と二人一組で共通点を見つけます。そこで出た共通点を全体の場で発表させ、共通点の視点をポイントとしてまとめます。

> （例）見た目・持ち物・性格・出来事（今朝食べたものなど）・趣味・特技など

　これを示すことで、共通点を見つけることの難しかった子供たちが、見つける際のヒントとなります。ただし、見た目に関しては人の嫌がることは言わないように注意しなければいけません。

ウォーミングアップが終わったら、早速ゲーム開始です。

1回戦目は班の中でいくつの共通点を見つけることができるかを競います。苦戦している子供には、先ほど出た視点をもとに考えるように声掛けをしていきます。その後、班の中でいくつの共通点が出たのか、どのような共通点が出たのかを全体で発表させます。

2回戦目は全員で行います。子供たちが教室を歩き回り、共通点を持っている仲間を何人見つけることができるかを競います。ゲームの後には、あらためて全体で発表をさせ、多くの仲間を探すことのできた子供たちを称賛します。

そして最後にこのように伝えます。

> 先生はこのクラスの重要な共通点を見つけました。全員が○組の仲間であり、みんな目標に向かって一生懸命努力することができるということです。これからの1年間、ここにいる全員で何事も一生懸命取り組んでいきましょう。

この学習の課題は「仲間をたくさん見つけよう」です。新しい学年になれば、クラスのメンバーも変わります。この授業を通じて、様子や行動、気持ちや性格を表す語句の量を増やし、話の中で使う力を付けていきます。また、ゲームの中で自然と楽しみながら交流することで、これまで知らなかった友達の新しい一面を発見をすることもできます。

3. 板書例

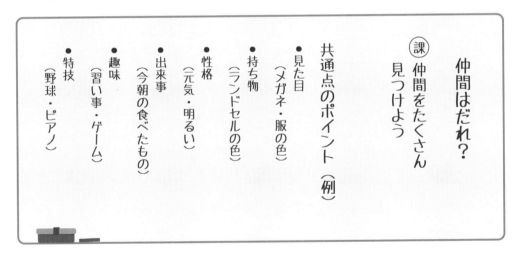

算数の授業開き －「考える」って楽しい！－

1. 算数科最初の授業

　新年度になると、どの子も新しい気持ちで、やる気に満ちあふれているはずです。しかし、4年生にもなると、特に算数においては少しずつ学力差が出始め、中には憂鬱な気持ちで授業に臨む子供もいます。その意味でも、「考えることが楽しい！」と思わせる授業を用意しておきましょう。

●苦手意識を持ち始めている子 → 「できるようになりそう！」「がんばろう！」
●塾に行っていて、自信満々の子 → 「先生の話をしっかり聞こう！」

2. 実践例

　以下、「考えることが楽しい」と思わせる算数の授業例を紹介します。

算数の授業は実生活に生かせる

〈問題〉
　「142円もっています。買い物に行って、62円のおかしを買いました。おつりは何円ですか。」

〈子供の解答〉
　式　142－62＝80　　答え　おつりは80円

Ｔ　正解かな？実際の生活で、このような場面はあるでしょうか。
　　（紙で作ったお金を代表の子供に渡し、買い物のロールプレイングをする。多くの子供は、100円玉を出すので、おつりの38円を渡す。）

　式　100－62＝38　　答え　おつりは38円

Ｔ　実際の場面を想像すると、いろいろな式ができるはずですね。もう一度、式と答えを考えてみましょう。

　式　102－62＝40　　答え　おつりは40円（小銭を減らしたいとき）

　式　112－62＝50　　答え　おつりは50円（50円玉がほしいとき）

　式　62－62＝0　　答え　おつりは0円（50円玉を2枚持っていたとき）

Ｔ　すべて正解です！

※実は算数としては不適切な問題です。あくまでも「算数は生活に生かせるよ」ということをめあてとした問題です。

学んだことを生かそう!

〈問題〉「24×13」

T　24×13を、ひっ算を使わずに計算しましょう。

〈解答例①〉

「24×10」と「24×3」をたし算する。

240＋72＝312

＜解答例①をさらに詳しくすると＞

「24×10」は「20×10」と「4×10」

「24×3」は、「20×3」と「4×3」

(200＋40) ＋ (60＋12) ＝312

```
    24
  × 13
  ────
    72
    24
  ────
   312
```

式を直そう!

①1カ所の「＋」を「ー」に直して、式を正しくしましょう。

1＋2＋3＋4＋5＝5

正しい式　1＋2＋3＋4－5＝5

②1カ所の「＋」を「ー」に直して、式を正しくしましょう。

1＋2＋3＋4＋5＋6＋78＋9＝100

正しい式　1＋2＋3－4＋5＋6＋78＋9＝100

③2カ所の「＋」を「ー」に直して、式を正しくしましょう。

123＋45＋67＋89＝100

正しい式　123－45－67＋89＝100

④5カ所の「＋」を「ー」に直して、式を正しくしましょう。

123＋4＋5＋6＋7＋8＋9＝100

正しい式　123－4－5－6－7＋8－9＝100

─── 参考文献 ───

・「ちびむすドリル」小学生教材

道徳科の授業開き —授業の受け方を指導する—

1. 道徳科の考え方

　道徳科の学習は、子供に聞くと「好き」「必要」と答える子供が多いようです。理由を聞くと、「自分の心で考えていることが言えてうれしい」「友達が心で考えていることが聞けて勉強になる」「自分にはなかった新たな考え方が身に付く」「算数のように答えが一つではないから」などが上がってきます。授業を通して「心の会話」ができることに、子供たちは期待を寄せているようです。

　道徳科の学習では、具体的な場面を通じて、自分や他人がどのような考えや価値観を持っているのかを理解したり、望ましい生き方を考えたりしていくことが大切です。また、子供の実践意欲が高まる活動を考え、実際の場面での判断・行動を習慣化できるように意識させることも重要です。

2. 道徳科の授業開き

（1）道徳科の授業の受け方（基本全員参加）

　最初に、どんな姿勢で授業に臨んでほしいかを子供たちに伝えます。

> 　道徳の学習では、私と友達のことや私と家族、地域のこと、生物の命や自然環境のことなどについて、心で考えていきます。心で思ったことを伝え合って、心が喜ぶ考え方を皆でまとめて、幸せな人生にするための時間にしましょう。だから、どんなことでも安心して発表してください。でも、ふざけた態度で発言することはやめましょう。

　続いて、「皆が、家族や友達、地域の人と関わるときに、大切にしていることはありますか?」と問い掛けます。すると子供からは「思いやり」「優しさ」「友情」「感謝」などたくさんの意見が出てきます。「どれも大切な内容ですね。これから一つずつ考えて、心を成長させていこうね」などと言い、皆が参加しやすい雰囲気をつくります。

（2）感謝の気持ちを育てる実践

　子供たちの気持ちを高め、意欲的に取り組める活動を紹介します。授業開きに限らず、学期の初めに行うとクラスの雰囲気が良くなり、意欲が高まるので、ぜひ実践してみてください。

まず、朝の会で

> 今日は、ありがとうゲームをします。このゲームでは、ありがとうと言った回数をカウントします。友達に何回ありがとうと言えたかを日記に記録していきましょう。

と説明します。すると、子供たちは日常生活の中で「ありがとう」と言う機会がたくさんあることに気付き、さまざまな場面で「ありがとう」と言うようになります。そして、教室中が明るい雰囲気に変わります。教師は、子供たちがどんな場面で「ありがとう」を伝えているかを観察・メモをしておくと、帰りの会で1日を振り返る時間に、子供の視野を広げることができます。

業間休みの後に、「これまで、何回ありがとうと言えましたか？お隣さんと確認しましょう。1〜5回の人。6〜10回の人。それ以上の人。次に、どんな場面でありがとうと言えたか話しましょう」と言って話し合いをさせると、学級全体の雰囲気がさらに良くなります。

帰りの会では、「1日で何回ありがとうと言えたか回数を確認します。お隣さんと伝え合いましょう。全体でも回数を確認します。1〜5回の人。6〜10回の人。それ以上の人。明日は何回言えるか楽しみです」と言うと、次の日には教室中に朝から「ありがとう」という言葉が響き渡ります。また、手紙の受け渡し、男女ペアでの意見交換の後などにも「ありがとう」と言うようになります。

2週目は、「今週は、ありがとうと言われた回数を数えます。これは少しハイレベルです。今日も一日ありがとうが響き渡る学級にしていきましょう」と伝えます。すると、感謝の気持ちを伝えるだけでなく、友達のために行動する子供が増えます。

3週目は、「今週は、ありがとうと言った回数と言われた回数をどちらも数えます。ありがとうと感謝があふれるクラスは素敵ですね。先週もとても幸せな気持ちになりました。今週も素敵な一週間にしましょう」と伝えます。

最後に、この実践に取り組んだ子供たちの感想を紹介します。

> ●ありがとうと言うよりもありがとうと言われる方が難しい。このゲームで小さなことにも感謝ができるようになった。相手に良い印象が残ると思った。明日も、明後日もありがとうの数を増やしていきたい。
>
> ●ありがとうと言った回数50回、言われた回数20回。ありがとうへの意識を高めることができると僕は思った。特にすごいと思ったのは、AさんとBさんだ。この二人は、大きすぎない適切な声でたくさん言っていた。ちょっとのことでもありがとうを言えるこの二人のようになりたい。

5 学級目標を立てる
―思いを込めて作ろう！―

1. 学級目標は必要？

学級目標は何のために作るのか、それは以下のような力を育てるためです。

> **集団生活の基本となっている学級の中で育てたい力**
>
> 集団意識を持つ
> 合意形成を図る
> 役割を自覚し実践する
> 協力する　　　　　　　　　　など

こうした力を育てるために学級目標を作り、達成に向けて活動していくのです。その過程で、子供たちが仲間意識を持ち、自己有用感を高めていくことで、愛着のある居心地の良い学級を作っていくことが大切です。

2. 学級目標の作り方

一人一人の思いが詰まった学級目標ができると、子供たちは主体的に行動できるようになります。実際に、どのように作成していくのか、具体的な流れを紹介します。

（1）しばらく学級で過ごす（5月中旬頃まで）

学校生活を通じ、子供たちは学級の良いところや課題を見つけます。担任は、子供たちがどんな学級にしたいのか「思い」や「願い」を持てるように、声掛けをしていきます。その際は、担任自身の「こんなクラスにしたい」という意思を日頃から投げ掛けておきます。そうすると、後の学級目標づくりで、自然と担任自身の意思が反映されていくはずです。

【担任の声掛けの例】
例：「あったかいクラスだね」「けじめのある行動が素晴らしい！」「助け合っていて、素敵！」「粘り強くいこう！」　など

（2）お互いの思いを伝え合う（5月下旬頃）

「〜な学級にしたい」「〜を良くしたい」など、前向きな言葉で、一人一人の思いを伝え合う場を設けます。そうして出てきた子供たちの思いをカードなどに書いて掲示し、可視化するとよいでしょう。

（3）学級が目指す具体的な姿を話し合う（6月上旬）

全員の意見を共有し、いくつかにまとめていきます。その際、抽象的な言葉は、具体的な姿が分かるような言葉や文章にします。

> 例：「仲良し」⇒「男女問わず誰とでも楽しく過ごす」「みんな笑顔」
> 　　「けじめ」⇒「時間やルールを守っている」
> 　　「協力する」⇒「声を掛け合い、助け合う」

（4）学級にふさわしい言葉を決める

上記のようなプロセスを経て、最終的に目指す姿が分かりやすい言葉にまとめます。子供たちの実態に合わせて、表現の仕方を工夫して決めましょう。

なお、学級目標作成に使う時間数は、掲示物作成も入れて合計3〜4時間くらいが目安です。

（5）学級目標の具体例

学級目標の具体例として、以下のようなものがあります。

①あいうえお型

> た 助け合う
> い いつも笑顔
> や 約束を守る
> き きずなを深める

キャッチーで、親しみやすい

②文章型

> 「男女問わず誰とでも楽しく過ごし、みんな笑顔のクラス」
> 「約束を守るクラス」
> 「声をかけ合い、助け合うクラス」

目指す姿が具体的で、分かりやすい

③イメージ型

親しみやすく、シンボルとして活用しやすい

> ●**シーサースマイル**：4年3組　笑顔
> ●**にくまん**：2組、いつも温かい、食べるとほっこり笑顔
> ●**うぐいす**：ほかほか、けじめ、協力 → ホーホケキョ♪ → うぐいす
> ●**ひまわり**：みんなで同じ方向を向いて団結、にこにこ笑顔

イメージ型の場合は、やや抽象的なので、掲示などで意識させる工夫が必要です。

3. 掲示や活用の方法・工夫

（1）学級全員で作る掲示

例えば学級目標が「たいやき」の場合、子供たち一人一人が、魚の形に切り抜いた紙に学級目標に向けて自分ががんばることを書き込み、掲示するなどの方法が挙げられます。掲示物の作成については、子供たちとも相談しながら進めていきましょう。

子供たちが「学級目標に向けて自分ががんばること」を書き込んだ「たいやきカード」を張る

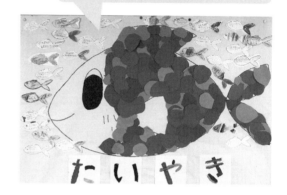

（2）学級キャラクターを作る

学級目標にちなんだキャラクターを募集すると、子供たちは次から次へと作り出します。キャラクターが決まったら、スキャナーでパソコンに取り込んでおくと、学級目標の掲示、教室内掲示、配付プリントなど、さまざまなところに活用することができます。吹き出しをつけてスタンプを作ると、子供たちは大喜びです。

（3）進化する掲示

学級目標は日常的に活用し、単なる壁面飾りで終わらせないことが大切です。そのために、学級目標の達成に向けた具体的な取り組みを行ったり、日常の中で学級目標の振り返りをしたりします。子供たちのがんばりを評価し、それを可視化することで、達成感やさらなる向上心につなげていきましょう。

具体的な工夫として、以下のようなものが挙げられます。

●達成するたびに、あんこがもらえる。やがて大きなたいやきができる。
●ひまわりが増えていき、教室いっぱいにひまわり畑ができる。
●にくまんマンのコスチュームが少しずつパワーアップしていき、スーパーにくまんマンになる。

子供たちとストーリーを作って、活動を進めると学級活動が楽しくなります。

（4）学級ソングを作る

子供たちと一緒に、学級目標にちなんだ替え歌を作ります。学級集会や行事、節目の時などに歌うと盛り上がり、学級が団結します。

> 【替え歌を作りやすい曲】
> 「ひまわりの約束」「島唄」「RPG」「世界に一つだけの花」など

（5）学級通信の名前にする

みんなで作り上げた学級目標を学級通信の名前にすると、子供たちが喜び、保護者にも学級のムードが伝わります。

> 【学級通信の名前例】
> 例：「にくまん集会」「シーサースマイル学級会」「うぐいす通信」など

4. 留意点

留意したいポイントの一つは、学校教育目標や学年目標との整合性を取ることです。学校教育目標や学年目標は、「やさしく」「たくましく」「輝く」などの抽象的な言葉を使っていることが多いので、学級目標が大幅にずれてしまうことはないとは思います。とはいえ、これをしっかりと念頭に置いて、明確なずれが生じないように気を付ける必要があります。

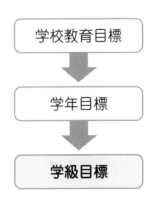

6 係・当番活動
―各活動の違いと具体的な活動内容―

1. 係活動と当番活動って何が違うの？

　新しい学年が始まり、学級目標や掃除の仕方など、決めなければいけないことはいくつもありますが、その一つに係活動と当番活動があります。その際に、係活動と当番活動の違いを区別して決めることが大切です。より良い学級経営をしていく上で、それらの違いを区別して決めることは、子供たちの帰属意識の高まりにつながります。具体的にどのような違いがあるのか見ていきましょう。

（1）係活動

　係活動とは、必ずしも必要な役割ではなく、学級を盛り上げるためにあるとよい活動です。

　自動車で例えるなら、カーナビゲーションやオシャレなアルミホイールといったものが係活動に当たります。自動車が走行する上で、これらはなくても問題ありませんが、あれば便利だったり楽しかったりするからです。

　係活動にはそれと同じような役割があり、子供たちが学級のために「やってみたいな」「あったらいいな」と考える活動を行わせることが大切です。そのため、係活動は教師が一方的に決めるのではなく、子供たちが主体となって決めるのが望ましいでしょう。具体的には、学級会などで子供たちから意見を出させて、全体で話し合いながら決めていきます。

（2）当番活動

　当番活動とは、日々の学校生活を送っていく上で、なくてはならない活動です。

　こちらは自動車で例えるならエンジンや燃料が挙げられます。自動車が走行する上で、エンジンや燃料は欠かすことのできない大切な役割を果たしているからです。

当番活動は、学校で日々生活していく上で、とても大切なものです。そのため、教師があらかじめ必要な仕事の内容を考え、提示した上で分担を決めるとよいでしょう。

2. 4年生でできる係活動

4年生ともなると、1〜3年生までの経験を踏まえて、活動内容を工夫することができるようになります。実際にどのような係活動をすることができるのか見ていきましょう。

【主な係活動】
●新聞・ニュース係　　●飾り・イラスト係　　●マンガ係　　●なぞなぞ係
●お笑い係　　●読み聞かせ係　　●手品・マジック係　●ダンス係　など

主な係活動は上記の通りですが、それ以外に次のようなものが考えられます。

①レク係

4年生になると、遊びのレパートリーが増えてきます。学級で何をして遊ぶかアンケートを取って決めると、係の子供もより一層やりがいを持って取り組むことができます。

②バースデー係

一人一人のために学級全員でお祝いのメッセージを書いたり、給食の初めにバースデーソングを歌い、牛乳で乾杯をしたりすると盛り上がります。一人一人ではなく、誕生した月ごとにお祝いをする場合もあります。その際、写真を撮り、学級だよりに掲載すると子供も喜びます。

③ミッション係

運動系や学習系などのあらゆることをミッションとして、学級の中で競い合う活動を行います。

●はしで豆を移動させよ！
●卓球のラケットで玉を落とさずに30回バウンドさせろ！
●九九の7の段を○秒以内に言え！　　など

④バラエティ係

　テレビのバラエティ番組でよく見かける遊びを真似て取り組みます。箱の中に入っているものが何かを当てる遊びやとある人物の写真を見て、何と言っているのか考えて発表したりするなど、さまざまなイベントを企画します。

　ここで紹介した係は、全て子供たちが実際に考え、取り組んできたものです。それぞれの学級により特色があると思うので、学級の子供たちが本当にやってみたいと考えた係を実現できるように支援していくことが大切です。

3.　係活動の進め方

　まず初めに、決められた係の中で分担を決めます。
　その際、友達と協力して全員に仕事の役割が平等に回ってくることのできる人数にする必要があります。極端に少なすぎたり、多すぎたりしてしまうと、一人の負担が重くなったり、何もしない子供が出たりしてしまいます。子供たちと話し合いながら、それぞれの係に何人程度の分担がふさわしいのか考えましょう。

　次に、同じ係の人同士で、具体的な内容を決め、右の係活動カードに記入していきます。
　実際に、どのように活動していくのか、誰が・いつ・どこで活動するのか、どのような工夫をすることができるのかなど、詳しい内容を決めます。詳細までしっかりと係活動カードに書かせるようにしましょう。
　係活動が始まり、活動することができたときには、しっかりと評価します。できた係にシールを配り、係活動カードに貼れるようにすれば、子供たちの意欲をより一層高めることができます。

4. 主な当番活動

日々の学校生活を送っていく上で、なくてはならない活動として以下のようなものが挙げられます。

●手紙……………手紙を取ってくる
●配り……………手紙や宿題などを配る
●電気……………教室の電気をつけたり、消したりする
●窓………………換気や戸締りをする
●カーテン………カーテンの開け閉めをする
●音楽……………歌う音楽の準備をする
●保健……………健康観察簿を持ってきたり、届けたりする
●配膳台…………配膳台を出したり、しまったりする
●黒板……………黒板をきれいにする
●1日の予定………その日の時間割を掲示する
●宿題チェック……宿題を名前の順に並べ、数をチェックする
●本棚……………学級文庫の整頓をする
●ロッカー………ロッカーをきれいにする
●生き物…………飼っている生き物にエサをあげる　　　など

学校ごとになくてはならない活動は違ってくるので、学級の子供たちがやらなければならない仕事は何があるのか、事前に確認をしましょう。

5. 当番活動の進め方

まず、教師があらかじめ必要な仕事の内容を考え、当番活動表を作成します。仕事の内容が、一目見ればすぐに分かるように書くようにしましょう。

仕事の内容については、毎日全員に一人一役が回るように、子供の数分の仕事を用意するようにします。さらに、一人の子供が毎日決められた仕事をするのではなく、全員が全ての仕事を経験することができるように、1日1日役割を変えていくようにします。一人一役にしたり、毎日役割を変えたりすることで、子供たち全員に活躍の出番を与えることができ、子供たちの良いところを見つける機会も増えることになります。良いところを褒める回数が増えれば、子供たちの自己肯定感を高めることにつながります。

ただし、1日ごとに役割を変えることが難しいと判断した場合は、子供たちの実態に合わせて、週に1回もしくは月に1回ペースで変えるようにします。

作成した当番活動表を教室に掲示し、出席番号順などで機械的に数字を割り振っていきます。当番活動表はサイド黒板やホワイトボードなどに掲示するようにし、マグネットがくっつくようにします。そうすることでマグネット付きのネームプレートをつけることができ、日ごとに役割分担を変える時の面倒な作業もスムーズに行うことができます。

子供たちは、自分の当番の仕事が終わったら、目印として「バッチリマグネット」を貼りつけることができます。一般的なマグネットに「バッチリ」などと書かれた紙（ラミネートされていると長く使えます）を貼ったもので、これがあることで子供たちは当番の仕事に意欲的に取り組みます。さらに、教師は努力している子供やそうでない子供を把握しやすくなります。

仕事の内容が一目で分かるように簡単な説明が入っている。

出席番号順などの機械的な順番で仕事を割り振る。

当番活動表

日直 あいさつ・ごうれい	発表 スピーチ・今日のMVP	健康 かんさつぼ 持ってくる	健康 かんさつぼ 置いて書いてくる	窓・カーテン あける・しめる	電気 つける・消す
1 ○○	2 ○○	3 ○○	4 ○○	5 ○○	6 ○○
音楽 CDをかける	日にち・日直 消して書く・はる	手紙 1階から持ってくる	手紙 1階から持ってくる	手紙 くばる	手紙 くばる
7 ○○	8 ○○	9 ○○	10 ○○	11 ○○	12 ○○
本だな せいとん	ロッカー・フック せいとん	今日のよてい 時間わりをつける	配ぜん台 出す・ふく	配ぜん台 給食の後にふく	牛乳パック 給食室に持っていく
13 ○○	14 ○○	15 ○○	16 ○○	17 ○○	18 ○○
音読カード かくにん・くばり	音読カード かくにん・くばり	漢字ノート かくにん・くばり	漢字ノート かくにん・くばり	計算ノート かくにん・くばり	計算ノート かくにん・くばり
19 ○○	20 ○○	21 ○○	22 ○○	23 ○○	24 ○○
黒板 消す	黒板 消す	ネームプレート 1つずつずらす			
25 ○○	26 ○○	27 ○○			

当番の仕事が終わったら、バッチリマグネットを貼る。

ネームプレートを付け替える作業も子供の当番とする。

また、当番の中に「ネームプレート当番」を作ります。この当番があることで、ネームプレートを毎日付け替えるという、教師の手間を省くことができます。

6. 係活動と当番活動の留意点

(1) 活動の場の確保

活動内容が決まったら、子供たちに任せっきりにするのではなく、全ての係活動や当番活動にしっかりと活動の場が回ってくるように、教師が時間を確保することが大切です。そのために、1週間のスケジュールを表などにして教室に掲示し、学校の年間行事などと被らないように計画を立てさせます。

活動スケジュール（例）

	月	火	水	木	金
朝		読み聞かせ			
20分休み		お笑い	レク	バラエティ	レク
昼休み			クイズ		ダンス

(2) 振り返りの時間の確保

ただ活動して終わりではなく、活動後にはしっかりと振り返りをしなければ、子供たちの成長にはつながりません。そのため、教師が活動を振り返る時間をつくってあげることが必要です。休み時間や授業以外の時間で、例えば朝の会や帰りの会の数分を使い、振り返りの時間を確保しましょう。

(3) 全員に役割を与える

「学級のために自分の役割がある」ということは、学級への帰属意識を高める上でとても有意義なことです。しかし、複数人で一つの仕事を行うと、やる子とやらない子が出てしまったり、トラブルの原因になったりしてしまいます。そのようなことにならないように、教師が全員に役割を与えることが大切です。

これらのポイントを踏まえ、子供たちにとって有意義な係活動や当番活動になるように実践してみてください。

7 学級会
―必要な準備と具体的な進め方―

1. 学級会の基本的な考え方

（1）学級会とは

　学級会は、学習指導要領上、特別活動の学級活動に位置付けられます。学級や学校の生活を楽しく充実したものにするため、子供が自ら課題を見つけ、話し合い、全員で協力して実践する自発的・自治的な活動です。

　「話し合い活動」の活動過程は、「事前の活動」「本時の活動」「事後の活動」で構成されます。学級会では、「集団討議による合意形成」をします。

表1　学級活動（1）学級や学校における生活づくりへの参画　学習過程
（「学習指導要領解説 特別活動編」より引用）

事前の活動	問題の発見	教師の適切な指導の下に、児童が諸問題を発見し、提案をする。
	↓ 学級としての 共同の問題の選定	協力して達成したり、解決したりする、学級として取り組むべき共同の問題を決めて、問題意識を共有する。
	↓ 議題の決定	目標を達成したり、問題を解決したりするために、全員で話し合うべき「議題」を決める。
	↓ 活動計画の作成	話し合うこと、決まっていることなど、話合い活動（学級会）の活動計画を作成する（教師は指導計画）。
	↓ 問題意識を高める	話し合うことについて考えたり、情報を収集したりして、自分の考えをまとめるなど問題意識を高める。
本時の活動		【集団討議による合意形成】
	提案理由の理解	提案理由に書かれた議題の解決に向けて話し合うため、内容を理解しておく。
	↓ 解決方法の話合い	一人一人が多様な考えを発表し、意見の違いや共通点をはっきりさせながら話し合う。
	↓ 合意形成	少数の意見も大切にしながら、学級全体の合意形成を図る
事後の活動	決めたことの実践	合意形成したことをもとに、役割を分担し、全員で協力して、目標の実現を目指す。
	↓ 振り返り	活動の成果や過程について振り返り、評価をする。
	↓ 次の課題解決へ	

特別活動では、「成すことによって学ぶ」ことが大切です。失敗を恐れず、自分たちでより良い学級、より良い学校をつくるために話し合い、実践していくことを経験させましょう。

（2）年度当初に準備しておくこと

スムーズに学級会を進められるように必要な組織をつくり、グッズを用意しておきましょう。

- 計画委員（輪番制にして全員が経験できるようにします）
- 学級会グッズ（賛成・反対マーク、「議題」「決まっていること」などの表示短冊、司会や黒板・ノート記録のネームプレートやペンダント、話し合いの流れの表示（出し合う、比べ合う、まとめる）、時間の目安（時計か言葉「あと〇分です」）
- 短冊（A3やB4の印刷用紙を切ってラミネートすると簡単にできます）
- 提案カード　　● 議題ポスト　　　● 学級会ノート
- 計画委員活動計画　　● 学級活動コーナー

〈学級会コーナー〉

次の学級会までの見通しを掲示し、学級会への参加意欲を高めるようにします。そのために次のような内容を掲示します。中学年では、議題や提案理由、めあてなど計画委員の子供が書くようにします。

- 次の学級会のこと（議題、提案理由、話し合いのめあて、話し合うこと、決まっていること、当日までの流れ、プログラム）
- 議題ポスト　　● 議題例　　　　● 提案カード　　● 提案された議題
- 1週間の活動の流れ　　● 計画委員活動の流れ

①次の学級会までの見通しを持てるように

学級会に向けた活動の流れや次の学級会の議題、提案理由、めあて、話し合うことを掲示しておきます。計画委員の学級会までの予定も掲示しておくことで、活動の見通しを持つことができます。

学級会コーナーの設置は、背面黒板を活用したり、段ボールパネル、コルクボード、ホワイトボードを活用したりする方法もあります。磁石つきの短冊や模造紙などを活用して掲示している物を学級会にそのまま使えるようにすると便利です。

②学級会への参加意欲を高めるように

議題等を事前に掲示しておくことで、自分の考えを持ち、学級会までに整理しておくことができます。

議題ポストを学級会コーナーに設置することで、いつでも提案できるようにします。ポストのそばに議題例を掲示して、どんなことが議題になるのか参考にできるようにします。ま

た、提案された議題を視点別（みんなでしたいこと、みんなで作りたいこと、みんなで解決したいことなど）に掲示することで、新たな課題の発見につながります。

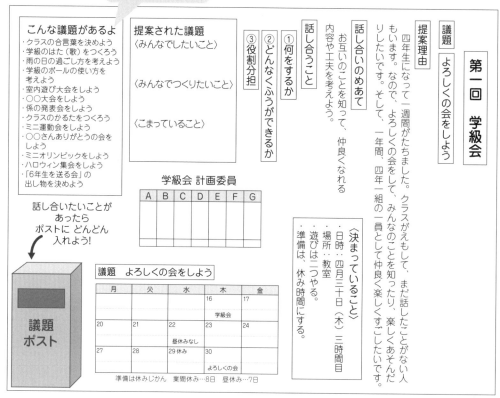

中学年の議題例

こんな議題があるよ
・クラスの合言葉を決めよう
・学級のはた（歌）をつくろう
・雨の日の過ごし方を考えよう
・学級のボールの使い方を
　考えよう
・室内遊び大会をしよう
・○○大会をしよう
・係の発表会をしよう
・クラスのかるたをつくろう
・ミニ運動会をしよう
・○○さんありがとうの会を
　しよう
・ミニオリンピックをしよう
・ハロウィン集会をしよう
・「6年生を送る会」の
　出し物を決めよう

話し合いたいことが
あったら
ポストに どんどん
入れよう！

議題
ポスト

提案された議題
〈みんなでしたいこと〉

〈みんなでつくりたいこと〉

〈こまっていること〉

学級会 計画委員

A	B	C	D	E	F	G

③役割分担

②どんなくふうができるか

①何をするか

話し合うこと

話し合いのめあて
お互いのことを知って、仲良くなれる
内容や工夫を考えよう。

提案理由
四年生になって一週間がたちました。クラスがえもして、まだ話したことがない人もいます。なので、よろしくの会をして、みんなのことを知ったり、楽しくあそんだりしたいです。そして、一年間、四年一組の一員として仲良く楽しくすごしたいです。

議題　よろしくの会をしよう

第一回　学級会

〈決まっていること〉
・日時：四月三十日（木）三時間目
・場所：教室
・遊びは三つやる。
・準備は、休み時間にする。

議題　よろしくの会をしよう

	月	火	水	木	金
				16	17
				学級会	
	20	21	22	23	24
			昼休みなし		
	27	28	29 休み	30	
				よろしくの会	

準備は休みじかん　業間休み…8日　昼休み…7日

図1　学級会コーナーの例

表2　計画委員会の進め方

計画委員会の進め方　学級活動の流れ

協力して進めよう！

計画委員		確認
1.議題を出してもらう		
2.議題を整理する		
3.議題を決める	帰りの会	
4.議題を知らせる	学級会コーナー	
5.学級会の準備をする	休み時間	
①話し合うことを決める		
②学級会の役割分担を決める		
③学級会ノートを準備する	みんなに配る	
④学級会の計画を立てる		
⑤話し合いを深める工夫をする		
例・アンケート結果をまとめる		
・原案を作成する・ビデオ		
・写真資料を提示する		
⑥黒板掲示のカードを書く		
⑦進め方を練習する		
6.学級会を開く	学級活動	
7.決まったことを掲示する		
8.実践への準備を掲示する	休み時間など	
①必要なことを書き出す		
②役割分担をする		
・必要なときは学級のみんなに		
協力してもらう		
③決まったことを知らせる	帰りの会・	
④必要なものを準備する	学級会コーナー	
9.実践をする		
10.計画委員の活動をふり返る	学級活動	

準備ができたら、自分たちで○を付けていきましょう。

2. 学級会の進め方

　年度当初にオリエンテーションを行い、全員で学級会の進め方や司会グループである計画委員の役割の確認をします。計画委員は輪番制にし、全員が経験できるようにしましょう。経験を積むことで教師の声掛けは減っていきます。指導しなければいけないことはきちんと指導します。

【オリエンテーションの内容】
- 学級会を行う意義の説明
- 計画委員の役割の説明
  - ・司会進行の仕方や黒板への記録の仕方
  - ・計画委員活動計画の作成の仕方
- 学級会の進め方（事前・本時・事後の活動）の説明
  - ・予想される議題や選定の仕方（提案カードや議題箱の活用）
  - ・「出し合う」「くらべ合う」「まとめる（決める）」の話し合いの流れ
  - ・学級活動コーナーの活用
- 集団決定の仕方の確認
  - ・折り合いをつけて集団決定する方法　※安易な多数決は避けます。
- 学級生活の向上への見通しを持つ（みんなで取り組みたいことを考える）場の設定

---

3. 授業開き（オリエンテーション）の留意点

　学級会の授業開きにおける留意点として、次のようなことが挙げられます。

- 自分たちの力でより良い学級を作っていくために、みんなでやりたいことをみんなで話し合って決める活動であること、相手の意見をきちんと聞き、「自分もよくて、みんなもよい」決定ができるように話し合う活動であることを確認する。
- 資料を活用して、学級会までの流れを説明する。
- 模擬学級会の中で、話型、合意形成の仕方、学級会グッズの活用の仕方を確認する。
- 「みんなでやりたいこと」「みんなで作りたいこと」「みんなで解決したいこと」など議題例をもとに、学級をより良くするためにさまざまな観点からの議題を出し合えるようにする。
- これから、学級活動を通して、みんなで協力してより良い学級をつくっていこうと意欲づけを図る。

8 給食指導
ーシステムとルールで安心して会食をー

1. 給食指導について

　　給食時は、子供たちがゆとりのある和やかな雰囲気の中で、安心して食事ができるような環境づくりが大切です。そのためには、給食当番のスムーズな配食や給食中のルールの徹底、担任の細やかな配慮が必要になります。

2. 給食当番のシステム

　　当番の子供たちがスムーズに動くために、明確な役割分担表を作成します。

🍴 😷 **給食当番** 🥛 🥔

今週の当番

仕事	白衣	A	B	C
トレー（わたす）	1	安部	斎藤	林
トレー	2	池田	坂本	前田
食器（はし・スプーンわたし）	3	石井	佐々木	松本
食器	4	石川	佐藤あ	村上
パン・ごはん（よそう）	5	伊藤	清水	森
パン・ごはん（わたす）	6	井上	鈴木	山口
牛乳（わたす）	7	岡田	田中	山下
牛乳（ストロー）	8	加藤	中島	山田
小さいおかず（よそう）	9	後藤	中村	山本
小さいおかず（わたす）	10	小林	橋本	吉田
大きいおかず（よそう）	11	近藤	長谷川	渡辺
大きいおかず（わたす）	12（大）	北川	佐藤み	藤田
配ぜん台	13（大）	木村	高橋	山崎

仕事札を動かします。

マグネットで動くようにします。

白衣と名前は固定。

　　仕事札は、下に移動します。
　　札は、金曜日の日直が帰りの会の前に移動させます。

（1）仕事内容とグループ

　学級の人数に応じて仕事とグループの数を調整します。（　）の左側は、運ぶときと片付けるときの仕事。（　）の中は、配食時の仕事です。

（2）札の移動

　仕事内容の札をマグネットにして、1週間ごとに移動させます。「札は下に移動」「金曜日の日直が、帰りの会の前に移動させる」などのルールを示しておくと混乱がなくなります。

（3）白衣

　4年生になると、体の大きさにかなりの差が出てきます。左ページの表では、12番と13番が大きい白衣なので、名前の場所を調整してあります。また、使用する白衣を固定することで、汚れや破損等の責任所在もはっきりします。

3．給食指導の流れとルール

（1）準備

　教室の中を食事にふさわしい環境に整え、正しい手洗いを指導します。当番は、身だしなみを整え、健康チェックを行います。きちんと整列して給食を取りに行きます。休み時間ではないので、当番以外の子供は必ず着席して待ちます。

（2）配食

　各自が取りに来るカフェテリア方式だと、時間が短縮できます。順番や行きと帰りの方向を決めて一方通行にしておくとスムーズです。

　学年に応じた一人分の量を平等に配食します。配食時に少なくしたり多くしたりすると時間がかかりますし、最後に量が足りなくなる恐れがあります。

（3）あいさつ

日直が気持ちを込めて「いただきます！」のあいさつをしましょう。食事時間を確保するため、量の調整はあいさつの後で行います。

（4）量の調整

まず、「減らし」です。量を減らしたい子供は、必ず給食に手を付ける前に減らしに行き、担任に理由を言って、食べられる量に調整します。減らしたい理由は、概ね「量」か「好き嫌い」ですが、中には「食べることが苦手」な子もいます。無理矢理食べさせるようなことはせず、子供とコミュニケーションを取って、少しずつ一人分の量が食べられるようにしていきましょう。また、保護者の方針もあるので、4月のうちに連絡を取っておくとよいでしょう。

次に、「増やし」です。早い者勝ちにはしません。増やしても食べきれる子を並ばせて、残っている量を平等に担任が分けていきます。ゼリーなど個別のものは、学級でルールを決めておきます。

「減らし」と「増やし」については、絶対に子供同士ではやらせません。平等ではなくなりますし、何より衛生的ではないからです。

（5）食事

食器や箸の持ち方、食べ方、姿勢など食事中の基本的なマナーを指導しましょう。楽しく和やかな雰囲気で会食をする時間ですので、大きな声や早食い、食べ物で遊ぶ行為などは慎むように必ず指導します。

> ＜楽しく和やかな会食にするための工夫＞
> ◇座席
> ・学習班 ・コの字型 ・円型 ・係活動ごと ・クラブごと など
> ◇取り組み
> ・今日の料理や食材の話 ・誕生日の発表 ・テーマを決めての会話タイム
> ・読み聞かせ ・なぞなぞ、クイズ ・ヒーリングミュージックを流す
> ・しゃべらず集中して食事をする「もぐもぐタイム」 など

（6）片付け

「ごちそうさま」の後、全員が食器を返しに行くと混乱するので、次のどちらかの方法で行うのがよいと思います。実態に応じて工夫しましょう。

①グループの中で分担して片付ける。

（役割を明確にします。慣れればスムーズに片付けが終わります。）

給食☆班☆分担表

リーダー	A
食器　大	B
食器　小	C
牛乳パック	D
ストロー・ゴミ	E
手伝い	F

子供の座席

D	A
E	B
F	C

席の場所でA〜Fを決めておきます。

給食後にリーダーが移動させます。

②グループか号車ごとに自分で片付けに行く。

（時間がかかりますが、混乱は少なくなります。）

4．給食指導の留意点

（1）食物アレルギー

4月当初、給食が始まるまでに、保護者、本人、養護教諭を交えて綿密な打ち合わせをしておく必要があります。しっかり確認しておきましょう。

（2）衛生面

感染症拡大、食中毒、異物混入を防ぐために、慎重を期さなければなりません。万が一の時には、学校の対応マニュアルに従い、迅速に対応します。

（3）残食

残食は、学級の状態を表すバロメーターになります。子供は、疲れていたり、不安、ストレスを抱えていたりすると食べる量が減ります。「減らす子が多いな」「残食が目立つな」と思ったら、今一度子供たちの様子をよく見て、学級経営の見直しや改善が必要です。

9 清掃指導
－進んで学校をきれいに
　　しようとする心を育てるには－

1. 清掃活動と学級経営の関係

　清掃活動は、学級経営において大切な役割を果たしています。教室が汚ければ心の乱れにつながり、きれいであれば学習に集中できます。

　子供たちが真剣に清掃活動に取り組んでいるクラスは、生活面だけでなく、学習面においても安定した学級経営ができているものです。ここでは、子供たちが真剣に清掃活動に取り組むようになるための考え方と進め方を紹介します。

2. 清掃活動の考え方

（1）教師が模範を示す

　教師にとって、子供たちが学校にいる間にしなければならない仕事はたくさんあります。特に宿題の丸つけや連絡帳のチェックなどは、毎日欠かすことのできない仕事です。そんな中で、清掃の時間に、宿題の丸つけや連絡帳のチェックをしている教師も多いのではないでしょうか。

　子供たちからしてみれば、自分たちに掃除をさせて、教師だけ席に座っていたら、あまり良い気分はしません。教師が率先して清掃活動に参加することで、清掃の仕方の模範を示すだけでなく、子供たちとの信頼関係も築くことができます。

（2）良いところをたくさん見つけ、褒める

　教師からしてみれば、清掃というのは誰しも幼い頃から当たり前のように行ってきたことであり、それを子供たちがすることは、「ごく当たり前のこと」と感じていると思います。

　しかし、そのような考え方をするのではなく、「学校がきれいに保たれているのは、子供たちが清掃をしてくれているおかげだ」という考え方に視点を変えてみてほしいのです。きっと、子供たちの良いところをたくさん見つけることができると思います。

実際に、それぞれの考え方の違いで、子供への指導にどのような差が出てくるのか考えてみましょう。

　例えば、廊下掃除をしている４人グループがいたとします。

　Ａくん …… 余計な話をすることなく、隅々まで雑巾掛けをしている
　Ｂくん …… Ｃさんと遊びの話をしながらほうきをはいている
　Ｃさん …… Ｂくんと遊びの話をしながらほうきをはいている
　Ｄさん …… 話こそしていないが、雑巾掛けが隅々までできていない

　さて、この４人を見かけた際に、どのような指導をしたらよいのでしょうか。清掃をすることが「ごく当たり前のこと」と考えている場合、Ｂくん、Ｃさん、Ｄさんに目がいき、「余計な話をしながら清掃をしてはいけません」「雑巾掛けは隅々まで丁寧にやりなさい」など、否定的な指導になってしまいます。つまり、怠けている子供にばかり目が行き、「〜しなさい」「〜してはいけません」という注意が多くなってしまうのです。そうなると、注意された子供もやる気をなくし、学級の雰囲気も悪くなってしまいます。

　一方、考え方を変えるとＡくんに目を向けることができます。「Ａくんは話をすることなく、しかも廊下の隅々まで雑巾掛けをして、とても素晴らしいですね！」などと肯定的な指導をすることができます。そうすることで、Ｂくん、Ｃさん、Ｄさんに注意することなく、メンバー全員を「しっかりと掃除をやらなければ」という気持ちにさせることができるのです。

　このように、考え方を変えるだけで努力している子供に目が行きやすくなり、自然と子供たちを褒める回数が多くなります。結果として、子供たちの良いところを多く見つけることができ、周囲の子供たちの意欲を高めることができるのです。

3. 清掃指導の進め方

（1）清掃場所と人数配置

　清掃指導においては、年度当初に決められた清掃場所に基づき、どこの場所に何人が必要なのか、どのような仕事内容があるのかを教師が明確にしておくことが大切です。４年生になると特別教室などを任される場合もあるので、校務分掌の主任に清掃の仕方を確認しておくようにしましょう。

（2）清掃当番表

　場所と人数が決まったら、次は当番表を作ります。それぞれのグループがどこの清掃場所なのかはもちろん、グループの中での仕事内容もしっかりと分かるようになっていると、スムーズにスタートさせることができます。

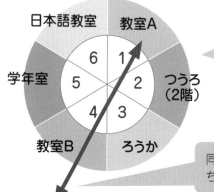

ルーレットのようになっていて、数字の部分を回転するようにします。数字の部分をグループの名前などにすることで、各グループの連帯感を高めることができます。

同じ清掃場所は同じ色にすることで、子供たちに分かりやすく示すことができます。

教室A	はいぜん台・黒板	ほうき・ちりとり・小ほうき	ぞうきん	ぞうきん
やること	・はいぜん台をふいてかたづける ・黒板をきれいにする	・ごみをほうきではく ・ちりとりでごみをとる ・つくえを運ぶ	・つくえを運ぶ ・ゆかをふく	・つくえを運ぶ ・ゆかをふく
番号	1	2	3	4（5）

つうろ（2階）	ほうき	ほうき・ちりとり・小ほうき	ぞうきん	ぞうきん
やること	・ごみをほうきではく	・ごみをほうきではく ・ちりとりでごみをとる	・バケツをもっていく ・ゆかをふく	・ゆかをふく
番号	1	2	3	4（5）

ろうか	ほうき	ほうき・ちりとり・小ほうき	ぞうきん	ぞうきん
やること	・ごみをほうきではく	・ごみをほうきではく ・ちりとりでごみをとる	・バケツをもっていく ・ゆかをふく	・ゆかをふく
番号	1	2	3	4（5）

教室B	牛にゅうパック・ながし	ほうき	ぞうきん	ぞうきん
やること	・牛にゅうパックをあらう ・牛にゅうパック入れをあらう ・ながしをそうじする ・ながしの下のゆかをふく	・ごみをほうきではく ・つくえを運ぶ	・つくえを運ぶ ・ゆかをふく	・つくえを運ぶ ・ゆかをふく
番号	1	2	3	4（5）

学年室	ほうき・黒板・ちりとり・小ほうき	ぞうきん	ぞうきん	ぞうきん
やること	・ごみをほうきではく ・黒板をきれいにする ・ちりとりでごみをとる	・ゆかをふく ・つくえを運ぶ	・ゆかをふく ・つくえを運ぶ	・ゆかをふく ・つくえを運ぶ
番号	1	2	3	4（5）

日本語教室	ほうき	ほうき・ちりとり・小ほうき	ぞうきん	ぞうきん
やること	・ごみをほうきではく	・ごみをほうきではく ・ちりとりでごみをとる	・バケツをもっていく ・ゆかをふく	・ゆかをふく
番号	1	2	3	4（5）

清掃場所ごとに仕事内容がそれぞれ書かれていると、何をしていいか分からない子供でも理解しやすくなります。給食の時間のうちに担当する番号を決めさせておくと、清掃の時間になってすぐに活動が始められます。

（3）きまりの確認

　年度の初めに、清掃に関する学校・学級でのきまりを確認します。ここでの確認が不十分だと他の学級との足並みがそろわず、迷惑をかけてしまうことがあるので注意が必要です。その後、各清掃場所での清掃の仕方や流れを説明します。

　右のような流れの書かれたマニュアルがあると、全員が進行することができます。

（4）反省会

　清掃活動の終わりには、必ず反省会を行います。4年生にもなると、それぞれの活動場所ごとに反省を行わせてもよいで

そうじ　進行マニュアル

	項目		内容
1	始めのあいさつ		（全員そろったら）これから、（　　　）の　もくもくそうじを始めます。　よろしくお願いします。窓を開けて始めましょう。
2	そうじ		
3	終わりの合図		終わりの時刻です。道具をかたづけて、窓を閉めてから集合してください。
4	反省会始め		これからそうじの反省会をはじめます。
5	反省	1	きれいになるまで、自分の仕事がていねいにできましたか。
		2	そうじの時間を守って、始めから終わりまできちんとできましたか。
		3	ふざけたり、遊んだりしないで協力してできましたか。
		4	そうじ用具のあとかたづけが、しっかりできましたか。
		5	もくもくそうじが守れましたか
6	評価		今日のそうじは（　　　）がよくできました。次は（　　　）をしっかりやりましょう。
7	終わりのあいさつ		これで（　　　）そうじを終わります。ごくろうさまでした。

しょう。その際に反省カードがあると、子供たちは次どうするべきか理解しやすくなります。教師にとっても子供の良いところを見つけるネタになるので効果的です。

そうじ反省カード　　　　　（　/　）〜（　/　）　（　）年（　）組（　）班

場所（　　　　　　　　）　　　全員できた◎　できない人がいた△(名前)

	ふり返り	月	火	水	木	金
1	きれいになるまで自分の仕事がていねいにできましたか。	（　）	（　）	（　）	（　）	（　）
2	そうじの時間を守って、始めから終わりまできちんとできましたか。	（　）	（　）	（　）	（　）	（　）
3	ふざけたり、遊んだりしないで協力してできましたか。	（　）	（　）	（　）	（　）	（　）
4	そうじ用具のあとかたづけが、しっかりできましたか。	（　）	（　）	（　）	（　）	（　）
5	もくもくそうじが守れましたか。	（　）	（　）	（　）	（　）	（　）
	点検サイン					
今週の反省	よくできたこと					
	直すこと					

4月中旬〜1学期末の
学級経営

　1学期は、授業参観や保護者懇談会などを通じて、保護者と信頼関係を築くことも大切です。このPARTでは、家庭との連携を中心に4月中旬〜1学期末の学級経営について解説していきます。

 # 授業参観
－保護者のニーズを考えた授業実践－

1. 授業参観の基本的な考え方

　「授業参観では、普段と変わらない授業を行えばよいのですか?」と質問する若い先生がいます。基本的には、その通りです。加えて、保護者がどのようなことを期待して参観しに来ているのかをよく考えて、授業を組み立てる必要もあります。
具体的に、以下の二つが挙げられます。

> **【保護者が授業参観に期待すること】**
> ①子供の授業での様子（活躍）
> ②友達との交友関係

　つまり、日頃から子供の自己肯定感を高めるための手立てを考え、子供を伸ばす授業実践を行い、活躍の場を見せることのできる授業構成を考えていれば、必然的に保護者に喜ばれる授業になります。

2. 4年生としての授業参観の配慮事項

（1）発表に関する配慮事項

　4年生になると、発表することに抵抗感を示し始める子供がいます。これは心の成長でもあり、自己と他人を客観的に見ることができるようになってきていることの証しです。子供たちと共にその成長を喜び、発表することの重要性を確認することで、全員参加型の授業に変わっていきます。やってはいけないのは、無理に発表を促すことです。成長の段階は人によって違います。
　発表ができないでいる子供でも、参加する方法はいろいろあります。

> ①手を上げさせる。（指名はしない）
> ②教師が考えを聞いて、全体に広げる。
> ③隣の友達に自分の意見と合わせて2人分発表してもらう。
> ④グループで発表する

活躍の場を見たいという保護者もいれば、活躍できるかなと不安に思いながら授業参観に来ている保護者もいます。そのため、全ての子供たちが活躍できる場を教師が準備する必要があります。

（2）授業構成に関する配慮事項

どの子も活躍する場を用意すると、保護者はもちろん、子供も喜びます。どの子供も多かれ少なかれ、保護者に活躍するところを見てほしいという思いを持っているからです。また、友達と協力し、仲良く活動できているかも保護者が気にする点です。そのために、①授業の前半で、全員が意欲的に取り組める活動を設ける、②友達と協力しながら学ぶ場面を設ける、③最後に学習で学んだことを披露する場面を設ける、の三つを取り入れた授業構成を考えることが重要です。

授業参観は、子供にとっても教師にとっても、普段と変わらない大切な授業です。保護者に喜んでもらうことが、目的と化してはいけません。目標と指導・評価を明確にし、目標達成のための手立てとして活躍の場を設けることが大切です。以下、授業参観の具体例を二つほど示します。

3. 授業参観の例①（国語の実践）
～子供が熱中し、保護者も巻き込む授業～

最初に「夏と聞いて思い浮かぶものは何ですか?」と問います。すると、たくさん手が上がります。3つ取り上げ、板書をして連想メモの説明をします。

次に、「夏と聞いて思い浮かぶ言葉を連想メモにして、たくさん書き出しましょう。ノートに3つ書けた人は、先生に持ってきてください」と言います。3つの中から1つを教師が選び、黒板に書くよう指示します。このときの配慮は、①普段あまり前に出て来ない子供も活躍させるため、多数出る意見はその子たちのために残しておくこと、②3つ書けた子には、たくさん書き足すよう声を掛けることの二つです。このとき「1つ書けたらＡ、3つ以上はＡＡ、5つ以上はＡＡＡ」と評価の基準となるものさしを示し、子供の意欲を高めます。

続いて「これらの言葉を季語と言います（ここで用意していた季語集を全員に配る）。次に、自分が書いた季語をこの季語集の中から探し、丸で囲みましょう」と言います。そして、「分からなかった言葉はありましたか?」と問います。ここで、意味調べを行い、さらに語彙力を高めます。「辞書引きをします。国語辞典で意味を調べましょう。意味を調べた人は立ちましょう」とゲーム形式にすると、子供たちは熱中して取り組み、友達に教える子供も出てきます。その場合は、「ＡさんとＢさんは、協力して調べていました。協力して学び合うことも立派な学習です」と学び合う良さを認め、励まします。

「たくさんの言葉を知ることができましたね。最後に、季語を1つ加えて、俳句をつくります。俳句は、5・7・5のリズム（言葉のまとまり）で季節の風景やその時に感じたことを表現するものです。1つ書けた人は、2つ3つとたくさん作りましょう。」

この時、書き始められない子供への支援として、①季語の決定を一緒に行う、②季語を選んだ理由を聞き、文にしてあげる、③自分で5・7・5のリズムにするための言葉の削り方を指導する、などがあります。

最後に、残り時間に応じて、①グループ内発表会、②出来上がった子の指名発表などを行います。グループ内発表の際に、「保護者の方々は、ぜひお子様の側で発表を聞いてあげてください」と伝えると、子供の活躍を間近で感じられる授業参観になります。

子供が「できる」と感じることができる授業、「できた」と感じることのできる授業を考えれば、自ずと活躍の場が生まれ、子供にも保護者にも喜ばれる授業参観になります。

4. 授業参観の例②（体育の実践）
～子供が熱中し、仲間と協力する授業～

最初に「かけっこリレーを行います。右側からコーンを回って左側から戻ります。」（図1）
※コース確認を一人一人行います。座って待つことができたチームを取り上げ、褒めます。ルールを守る指導と安全面の指導をします。

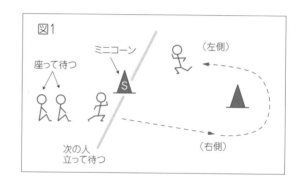

【変化のある活動例】
①スキップでリレーをします。→心と体の緊張をほぐします。
②行きはランで戻りはバックランでリレーをします。→前後の足の筋肉を使うことができます。
③前向き体操すわりでスタート。→腹筋を含む体幹を使うようになります。
④後ろ向き体操すわりでスタート。→音による反応速度も上がります。
※徐々に体の可動域を広げ、少しずつ全身を使う運動へと運動の質を上げていきます。けがの防止への配慮です。

【思考場面での発問】
発問1「足の裏をつけて走りましょう。次は、つま先で走りましょう。どちらがより早く走れましたか？」このように問い、挙手の数を数えて確認します。「つま先で走ると、足が速く前に出ますね」と、子供の動きと思考を教師が言葉でつなげてあげましょ

う。

発問2「小股で走ります。次は、大股で走ります。どちらの走り方がより速く走ることができましたか？」「大股で走る方が、地面をより強くけることができるため速く走れます。」

発問3「腕をとじて走りましょう。次は、腕を振って走りましょう。どちらの方が速く走れましたか？」「腕を大きく、速く振ることで加速します。」

子供たちに体感させることで、より良い体の動かし方（技能）に対する必要感を認識させることができます。すると、友達と見せ合い、アドバイスをし始めます。そうして、子供の主体的に学ぶ態度が育まれていきます。

【協力して活動する場面での発問】

「スタート地点と折り返し地点のミニコーンの間にマーカーを4つ置きました。マーカーでは、1周します。4つのマーカーを1周したらあとは同じです。折り返し地点のミニコーンを右側から周り、左側を走って戻ります。一度、やってみましょう。」（図2）

1回目のタイムを計り、タイムを伝えます。

「1回目のタイムを縮めるための工夫を考えます。2回目を走ります。」

「どのような工夫をしましたか？（タイムが縮んだチームを取り上げます）」

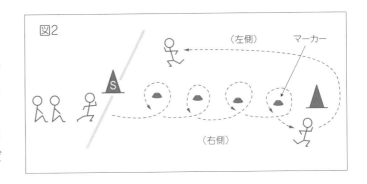

→回るときに小さく回るようにしました。

「3回目を走ります。（タイムが縮まらなかったチームにマーカーを動かしてもよいことを助言し、タイムを縮める支援をします）」

「どのような工夫をしましたか？（タイムが大幅に縮んだチームを取り上げます。）」

→4つのマーカーを近づけました。

「最後です。4回目を行います。」

タイムが縮まらないチームに対しては教師が支援することで、意欲的に考える姿勢や協力する態度を促すことができます。そして最後は、どのチームもタイムが縮んだことを取り上げ、喜びを分かち合うことができます。

走るために必要な技能を教え合ったり、友達と知恵を出し合って思考したりすることの楽しさを味わわせることで、子供たちは熱中して取り組みます。また、このような授業を展開することで、友達と仲良く活動する様子も保護者に見せることができます。

2 保護者懇談会（4月）
―「苦手」と思ってはいけない―

1. 保護者懇談会の基本的な考え方

「正直言って保護者懇談会は苦手」なんて思っている人もいるのではないでしょうか。教師がそう思っていれば、保護者もそう思ってしまいます。まずは心構えを変え、「保護者懇談会をどうやって盛り上げようか」という気持ちで臨みましょう。

進級してすぐの4月は、保護者同士知らない人がたくさんいます。そのため、最初の懇談会は、保護者同士がつながり、仲良くなることを一番の目的にします。保護者同士がつながれば、情報を交換し合うことができますし、悩みを相談し合うこともできます。その上で、保護者と教師が一緒になって、子供たちの成長に貢献することを確かめ合うことが大切です。

また、学校・学級の方針や考えを知ってもらう場でもあります。自分がどんな学級にしたいと思っているのか、具体的にしっかりと説明するようにしましょう。

2. 保護者懇談会で注意すること

保護者懇談会の前日までに学年での話し合いの場を持ち、共通して伝えなくてはいけないことを確認した上で、会の流れを1枚のレジュメにまとめておくとよいでしょう。しかし、それを読み上げるだけの会になってはいけません。紙に書いてあることは読めば分かるので、それならばわざわざ集まる必要がないからです。レジュメは、重要なところだけをかいつまんで話すように準備しておきましょう。

一番大事にするべき時間は、①学級の経営方針を語る時間、②保護者の悩みや疑問に答えたり、保護者同士が語り合ったりするコミュニケーションの時間です。保護者の方は、忙しい合間を縫って懇談会に参加してくださっています。そのことを忘れず、「来てよかった」

と実感して帰ってもらうように工夫します。そして、「また来よう」と思ってもらえたら、こんなに喜ばしいことはありません。

3. 保護者懇談会を盛り上げる工夫

　保護者懇談会を盛り上げるために、保護者が「来てよかった。得をしたな」と思える工夫を紹介します。

（1）名札を作る

　子供たちに三角柱の名札を作ってもらいます。画用紙の半分を四つ折りにして作ります。三角柱の見えない部分に保護者（保護者会に来てくれる人）の良いところ（好きなところ）を3つ書いてもらいます。

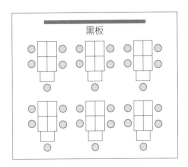

（2）会場を工夫する

①グループ型

　グループ型は、話し合いを行うのに適しています。グループを子供たちの生活班にすると、4月のはじめであっても、子供同士が知り合っている中なので話が弾みます。家に帰ってからも子供と話が弾むので、一挙両得です。教師も子供の机・いすにに座ります。

②□型

　コの字型ではなく□型にして、教員も中に入って座ります。PTAの役員の方が司会をしてくださるときは、司会の隣に座るとよいでしょう。初めての保護者会で、自己紹介をするなど、皆さんの顔が見えた方がよいときにはこの形にします。

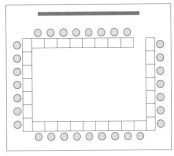

（3）資料を用意する

　事前に、子供たちの様子を撮った写真を用意しておきます。始業式に撮った集合写真や学級開きのときの写真などを回覧したり、モニターに映したりしながら、その時のエピソードを話すと場が和みます。

　学年で統一して話すことは、レジュメにまとめておきましょう。

4. 保護者懇談会の実際の流れ

次に、保護者会のプログラムと具体的な流れを説明します。

> ## プログラム　司会：教師（保護者）
>
> 1　はじめの言葉
> 2　担任の自己紹介（学級経営方針や学校・学年からの連絡を含む）
> 3　ゲーム
> 4　保護者自己紹介
> 5　質問・疑問・みんなで語ろう
> 6　おわりの言葉

（1）担任の自己紹介（10分程度）

　自己紹介は、教師になったきっかけや教育への思いなど「教師として」の自分のことだけでなく、趣味や好物など「プライベート」なことも伝えることで、親近感を持ってもらい、会を和やかに進めることができます。何より、明るく、はきはきと話すことが大切です。

　次に、写真を見せながら、学級の子供たちの印象を具体的なエピソードも交えて話します。

　そして、「こんな学級に育てていきたい」という思いを熱意を持って話しましょう。ここはとても大事なところです。教師は年齢や経験に関係なく、教育のプロです。その誇りを持って、真摯に堂々と話すようにしましょう。その後、レジュメを見ながら、必要事項を伝えます。

（2）ゲーム（3分程度）

　初めての懇談会で緊張しているのは、教師だけではありません。保護者も同様に緊張しています。緊張をほぐし、和やかな雰囲気をつくって話しやすくするために、ゲームを行います。場合によっては、担任の自己紹介の前にやってもいいと思います。

> ### ゲームの具体例
>
> ●ジャンケン大会。（一番勝った人から自己紹介をしてもらう）
> ●子供たちが大好き「ソーレ！」などなど

　座った状態で、2～3分でできるゲームなら何でも構いません。子供たちの間で流行っているゲームだと、子供の様子を話しながらできるので、より盛り上がります。

（3）保護者の自己紹介（20分程度）

　自己紹介では「お名前とお子さんの良いところを3つ言ってください。その他にも言いたいことがあれば何でも言ってください。1人1分以内でお願いします」と伝えます。1分程度考える時間をとって、順番に言ってもらいます。全員が言い終わった後で「目の前の名札を開いて、下のところを見てください。そこにお子さんからのメッセージがあります。子供たちもお家の方の良いところ（好きなところ）を3つ書きました」と言って見てもらいます。すると、ちょっとした歓声が上がり、穏やかな雰囲気になります。この名札は、懇談会ごとに違うテーマで子供たちに書いてもらうようにします。

（4）質問・疑問・みんなで語ろう（20分程度）

　保護者の方に「質問や疑問、または皆さんで話し合いたいことがあったら言ってください」と言っても、なかなか出てきません。そこで、右のような掲示物を作り、黒板に掲示します。そして、「○○に入る言葉は何でも構いません。グループで話してみてください。一番盛り上がった話を後で教えていただきます。10分程度でお願いします」と言って、話し合ってもらいます。□型で座っている場合は、こちらでグループを指定します。

> ・うちの子が○○と言っていますが本当ですか？
>
> ・うちの子は○○なんですがどうしたらいいですか？
> みなさんはどうしていますか？
>
> ・みなさんは子供に○○をさせていますか？

　各グループの話し合いの様子を見に行き、会話が盛り上がっていないグループがあるときは「あちらのグループではこんな話題が出ていましたけど、皆さんはどうですか」と声を掛けるとよいでしょう。全部のグループに少しずつ顔を出して、相槌を打ちながらメモを取り、10分ほどたったらグループごとに発表してもらいます。

　その後は、共通のテーマがあれば、全体で話し合ってもよいですが、特に話し合わなくても、意見を交流するだけでも構いません。保護者同士がつながることが目的ですから、お互いの話を聞き合うことが重要です。もし、学校や学級への質問があったら、はっきりと答えましょう。そして、終了予定時間を過ぎないように気を付けましょう。

5. 保護者懇談会が終わったら

　終了後は、小さい感想用紙を用意し、感想を書いてもらいます（提出は後日でも構いません）。そして、学級通信に保護者懇談会の様子や、その日のうちに答えられなかったことを書いて伝えます。保護者の感想も、了承を得た上で載せることができればなおよいでしょう。

3 保護者懇談会（6月）
―楽しい懇談会にする工夫の数々―

　4月に保護者懇談会を行ってから2カ月。2回目の懇談会で何を伝えたらよいのかと悩む人も多いでしょう。中には、各教科の学習の振り返り、生活の振り返りを延々と話し、課題ばかりを伝えてしまう人もいると思いますが、そんな内容では次の懇談会の参加人数は減ってしまうでしょう。

　保護者が「また参加したい」と思う懇談会にするためには、保護者が求めていることは何かを考え、プログラムに楽しい工夫を加えることが大切です。

1. 保護者が懇談会に求めていること

　保護者が懇談会に求めていることは、主に次のようなことです。

（1）学校での子供の様子の把握（授業・学級の雰囲気・休み時間の様子）
　　→子供の実態に応じて、学年の教師と話す内容を確認しましょう。
（2）他の保護者との意見交流
　　→同学年の家庭での様子を知りたい人が多いようです。
（3）子育て（4年生）に関する専門的な情報
　　→保護者のニーズを知ることが大切です。

　上記を踏まえ、たのしい工夫を加えた実践を紹介します。

2. 楽しい工夫を加えた実践

（1）学校での子供の様子の把握（授業・学級の雰囲気・休み時間の様子）

　まず、保護者が聞いて安心する内容を話しましょう。できるようになったことに着目し、たくさん褒めると喜ばれます。良いところを認め、励まして指導していることが伝わります。

　一方、課題は主なものだけを精選して伝えます。保護者も大切に育ててきた我が子に課題があることは、よく理解しています。保護者の気持ちに、寄り添う姿勢が大切です。

（2）他の保護者との意見交流

　共通の話題があると安心し、保護者同士の信頼関係が生まれ、関わり合いを持つようになります。そのため、懇談会で情報交換する時間を設けると喜んでもらえます。前置きで、「恥

ずかしがらず、隠さずにざっくばらんに話すと話し合いが盛り上がります。他言無用をお約束ください」と伝えます。すると、良い点や課題点に共感し、より良い情報交換の場になります。

【4年生の話題例】

①勉強はいつ、どこで、どのように、何時間くらいやっているか。

②ゲームやスマホの時間と各家庭のルール

③成長したことと課題点

④最近子供にした注意

⑤最近子供にかけた褒め言葉

（3）子育て（4年生）に関する専門的な情報

保護者に喜ばれる情報として、以下のようなものがあります。

---

①子供を見守って伸ばすことの大切さ

②ゲームが学力に影響を与える実施時間

③読書が学力を上げる（科学的根拠を踏まえた話）など

---

①の実践例を紹介します。まず、コーヒーをいれたペットボトル（ラベルはコーラ）を用意します。そして、保護者1名を指名し「このペットボトルを激しく振ってください」と言います。指名する保護者にだけ、中身がコーヒーであることを伝えておきます。

次に、「その蓋を開けてみてください」とお願いします。その保護者の方には、わざとらしく「無理！」と言っていただきます。その後、教師がペットボトルをさらに激しく振って、何事もなかったかのように蓋を開けます。何も起きないので、会場は「あれ？」といった感じで笑いに包まれます。

中身は
コーヒーです。

「これはマジックではありません。種明かしをすると、中身はコーヒーです。大人はコーラを振ると中身が激しく飛び出すことを知っているため、開けたりはしません。でも、子供たちは知らないことがあると『どうなるのかな？』とたくさんの可能性を考えます。学校では、安全に留意しながら、子供たちの好奇心や興味・関心を高められるような授業をしたり、日々の生活の中での気付きを大切にしたりしていきます。できる範囲、無理のない範囲で構いません。ご家庭でも、子供がやってみたいと思うことに、大人も一緒になって挑戦し、楽しんでみてください。」

このように伝え、分からないことを聞かれた場合、「一緒に調べ、一緒に考える」ことが大切だということを保護者の方々に理解してもらいます。

4 1学期終業式
－夏休みは楽しみ！ でも、休み明けの学校も楽しみ！－

1. 通知表の準備

（1）「正しく」「分かりやすく」「価値付けて」作成するために

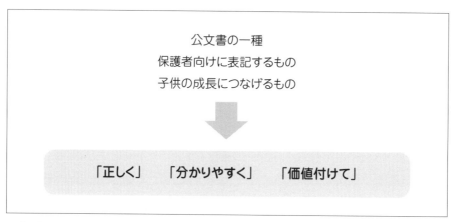

- ・作成に関する学校全体のルールを守る（文書の表記の仕方や文字数など）。
- ・適切な評価規準を学年で統一し、設定しておく。
- ・所見文は、具体的に前向きな言葉で書く。
- ・学年で協力し、何度もチェックする。

（2）余裕を持って進める

評価における年間計画を確認し、余裕を持って作成しましょう。下のようなスケジュールで考えると、1学期は7月初旬には仮完成させなければなりません。

<スケジュールの例>

3週間前	仮完成。自分で確認。→ 修正
2週間前	学年で確認。→ 修正
1週間前	管理職が確認。→ 修正
前日	最終チェックをして押印する。
終業式当日	確認しながら、言葉掛けをして子供に渡す。

日頃から、子供の生活や学習の様子をメモしておくと、保護者に伝わりやすく、具体的な所見を書くことができます。また、作成時間の短縮にもつながります。

2．終業式当日

（1）通知表を渡すとき

　必ず一人一人に価値付けの言葉を掛けながら渡します。1学期の「がんばったところ」や「良かったところ」を具体的に伝えましょう。

　また、通知表は大切な評価記録でもあります。友達と見せ合いなどをせず、大切に持ち帰り、家に着いたらすぐ保護者に渡すよう指導しておきます。

　通知表を渡す間は時間がかかるので、課題を用意しておきます。読書や漢字が無難ですが、「先生の通知表」を書かせるという取り組みも面白いものです。

（2）夏休みの過ごし方

　主に生活面・学習面・安全面について指導しておきます。

①生活面

　計画表を作成し、規則正しい生活を目指します。

②学習面

　1学期の復習課題、夏休みならではの課題（読書感想文や自由研究など）、2学期の学習につながる課題（星・月の観察、ごみの分別方法や収集日、都道府県の特徴調べなど）を学年で統一して配付します。

③安全面

　「誰とどこに行くか」「何時に帰るか」を保護者に伝えること、「子供だけで行ってはいけない場所」などをはっきりと決めておきましょう。

④留意点

　通知表については、何度もチェックをして作成しますが、それでも当日になってミスが見つかる場合があります。その場合には修正し、子供が帰るまでに新しいものを渡しましょう。終業式の日は、「式」「通知表」「学級集会」の3本立てで、「夏休みも楽しみだけど、夏休みが終わった後に学校に来るのも楽しみ！」と思えるような1日にすることが大切です。

PART 4

2〜3学期の学級経営

1学期はうまく行っていたのに、夏休みを挟んで急に学級が乱れ始めた…なんてことも珍しくありません。このPARTでは、そうならないための2〜3学期の学級経営について解説していきます。

2学期始業式
―新学期への期待感を持たせるために―

1. 2学期始業式の考え方

　長く楽しかった夏休みが終わり、2学期最初の日、皆さんはどのような気持ちで出勤しているでしょうか。もちろん、しばらく会っていなかった子供たちに会いたい気持ちはあると思いますが、そんなうれしい気持ちだけではなく、きっと「夏休みが終わって悲しいな」とか「仕事のスイッチを入れないといけないな」とかいった気持ちになっている人もいるのではないでしょうか。それは大人だけでなく子供たちも同様です。そんな子供たちの憂鬱な気持ちを払拭してあげることが、2学期始業式ではとても大切です。

　また、2学期は年間の中で最も期間が長く、生活がだらしなくなり、いじめなどの問題が起こりやすい学期でもあります。だからこそ、生活習慣の乱れをしっかりと整え、学校生活への再適応を図っていかなければなりません。

　ここでは、どのようにすれば2学期最初の日をスムーズにスタートさせることができるのか見ていきます。

2. 黒板はどうする?

　子供たちが登校してきて最初に目にするのは黒板です。久しぶりの学校に不安を抱いている子供たちを明るい気持ちにさせられるよう、黒板を有効に活用しましょう。

> 【黒板に書く上で大事なポイント】
> ①面白い　②見やすい　③分かりやすい

具体的な内容・工夫として、以下のようなものが挙げられます。

(1) 人気キャラクターのイラスト

　子供たちは好きなキャラクターが目に入るだけで、ワクワクした気持ちになります。キャラクターからの吹き出しをつくり、担任からのメッセージを書いてもよいでしょう。

(2) 2学期の行事に関するイラスト

　運動会や持久走大会、社会科見学など子供たちが楽しみにしている行事の絵を描くと、こ

れから始まる2学期への期待感を高めることができます。

（3）随所に色を入れる

　文字の色や枠の色、お花紙など工夫を施し、単調な黒板にならないようにアクセントを加えることで、見やすく華やかな黒板にすることができます。ただし、やりすぎると伝えたいことが伝わりづらくなってしまうので注意が必要です。

（4）あいうえお作文でのメッセージ

　長い文章がだらだらと書いてあっても、子供たちは読みたくなりません。学級の合言葉や学級の名前を使って「あいうえお作文」にすることで、読みたくなる黒板にすることができます。

3.　2学期始業式の日にするべきこと

（1）宿題・通知表の提出

　短縮日課の中で、短い時間で手際よく提出できるよう、あらかじめ提出場所を決めておくとスムーズに回収できます。また、出席番号順で提出させると、チェックする際に名簿に素早く記入できます。

（2）学級のルールの再確認

　1学期はできていたことも、長い休みの間に忘れてしまっている子供がいます。気を引き締めるために、年度当初のつもりでルールを確実に伝えましょう。

（3）2学期の主な行事の伝達

　2学期の行事を伝えて、期待感を持たせましょう。ただ伝えるのではなく、教師が行事をジェスチャーで表現して当てさせるなど、ゲーム感覚で伝えると盛り上がります。

（4）子供たち一人一人の様子を観察して声を掛ける

　4年生の子供たちの多くは、1カ月半ほども経つと背格好や顔立ちなどに成長が感じられるようになります。子供たち一人一人に目を向け、声を掛けることで安心感を与えられます。ぜひ、夏休みの思い出や2学期に楽しみにしていることなど、話をたくさん聞いてあげましょう。

2 感染症予防
－予防と感染拡大防止は担任の責務－

1. 学校感染症とは

　学校感染症は、学校保健安全法施行規則第18条において「第一種」「第二種」「第三種」に分類されています。

第一種	エボラ出血熱、クリミア・コンゴ出血熱、痘そう、南米出血熱、ペスト、マールブルグ病、ラッサ熱、急性灰白髄炎、ジフテリア、重症急性呼吸器症候群、中東呼吸器症候群、特定鳥インフルエンザ
第二種	インフルエンザ、百日咳、麻しん、流行性耳下腺炎（おたふく風邪）、風しん、水痘、咽頭結膜熱、結核、髄膜炎菌性髄膜炎
第三種	コレラ、細菌性赤痢、腸管出血性大腸菌感染症、腸チフス、パラチフス、流行性角結膜炎、急性出血性結膜炎　など

　上記の3種については、それぞれの疾患ごとに出席停止期間が定められています（同施行規則第19条参照）。

2. 感染症予防の基本的な考え方

　多くの子供たちが集団で生活をしている学校では、感染症に罹患する可能性が非常に高く、感染症対策が欠かせません。前述したように、感染症の種類は実に多種多様で、いつ、どんな感染症が広まってしまうのか分かりません。担任は、感染症に対する正しい知識を身に付け、常に子供の体調に気を配り、感染症拡大防止に努める必要があります。

　なお、以下に示す感染症は、非常に罹患しやすいにもかかわらず、出席停止の措置が条件次第となっている疾患です。保護者と連携して、特に気を付けて感染拡大防止に努めましょう。

溶連菌感染症、感染性胃腸炎（ノロウイルスやロタウイルスなど）、アタマジラミ、水いぼ（伝染性軟属腫）、伝染性膿痂疹（とびひ）など

　なお、2020年から流行している新型コロナウイルスは、いまだ分からないことの多い未知のウイルスです。国や教育委員会のガイドラインに従い、対策を講じていく必要があります。

手洗い
うがい
マスク
清掃
換気
の徹底を！

万が一、学級の中で一人でも学校感染症に罹患した場合は、必ず養護教諭に報告してください。

3. 予防の工夫

感染拡大を予防する具体的な手立てとして、以下のようなものが挙げられます。

（1）係活動の工夫

子供たちの工夫ある活動で、主体的に感染の予防につなげることができます。具体的に、以下のような活動が挙げられます。

保健係	掲示係	環境係	クイズ係
マスク、ハンカチのチェック	ポスターで、手洗いの呼び掛け	教室・ろう下の窓開け	感染予防のクイズを出題

（2）給食時

感染症が流行している期間においては、少し寂しいですが、全員の机の距離を空けて、前向きで食事をさせます。

（3）手洗いタイムの確保

中休み後や給食前などには、きちんと時間を確保して、子供たちに手洗い・うがいを徹底させます。

4. 家庭との連携

保護者には、もし、指定感染症が疑われるような場合は、必ず医師の許可を得てから登校していただくように連絡しておく必要があります。感染症による欠席は数日間続くので、学習面での遅れが出ないように、ノートのコピーをとったり、今後の学習計画を伝えたりするなどして、子供が安心して登校できるように支援しましょう。

3 2学期末～3学期始めの配慮と工夫
ー事前の準備が仕事の効率を高めるー

1. 2学期終業式当日の伝達事項と留意点

　2学期の終業式当日の伝達事項は、①終業式の意義、②その年の振り返り、③冬休みの過ごし方の3つです。子供たちの気持ちが新しい年に向け、進級を見据えて充実した冬休みを迎えられるようにすることが大切です。

　冬休みの過ごし方については、留意点を伝えます。具体的に、①年末年始の行事への参加、②大掃除への参加、③事件や交通事故の防止、④書き初め、⑤新年の目標の立て方などが挙げられます。伝達事項がたくさんあるため、話の内容を整理しておくことが重要です。

2. 3学期開始時の伝達事項・留意点

　3学期の始業時には、数カ月後には高学年になることを想定し、低学年の見本となる行動を意識させることが大切です。それでは、高学年して低学年の見本となる行動とはなんでしょうか。子供たちに聞くと、「廊下を走らない」「図書室は静かに利用する」「安全に気を付けた通学班での登校の仕方」「無言清掃」など、4年生の間に意識的にがんばり、できるようになったことが挙がってきます。それに加え、5年生になるためには「時間を守って生活する」「次の授業の準備」「自分で考えて行動する」などの課題も挙げられます。高学年では、委員会やクラブ活動など学校の中心となって取り組む活動が増えます。そのため、4年の3学期は、見通しを持って行動するよう意識させることが大切です。

3. 3学期開始時の黒板（子供の気持ちを高める工夫）

　3学期開始時の黒板では、高学年に気持ちが向くような形で、学年の目標を書きます。

> 5年生0学期。
> 達成目標 ①ていねいな言葉づかい　②時間を守る　③見本となる行動

と黒板に書きます。1週目は「①ていねいな言葉づかい」を皆で意識して行動し、全員達成を目指します。2週目は「②時間を守る」、3週目は「③見本となる行動」を目標として掲

げ、毎日意識して行動させることが大切です。ポイントは、1週間という短いスパンで達成できるよう、教師が支援や助言をすることです。1カ月だと長く感じ、意識が薄れるからです。1日1日の子供たちの具体的な成長を見取り、称賛していきましょう。

4. 始業式の日の具体的な流れ（宿題の取り扱いと評価、返却など）

　始業式当日の流れについては、時短術を取り入れることで「冬休みの感想発表会」と「放課後の他の業務時間」の確保ができます。時短術の詳しい内容は、P92～93の「提出物処理の小ネタ＆小技」に具体的な実践例を載せましたので、そちらをご覧ください。

時短術導入前	時短術導入後
昼間	**昼間**
①子供たちにあいさつ	①あいさつ＆宿題を素早く確認しコメント記入
②朝の会	②朝の会
③始業式	③始業式
④宿題や通知表の回収	④2学期のめあて作成
⑤2学期のめあて作成	⑤当番と係決め
⑥当番と係決め	⑥代表委員決め
⑦代表委員決め	**⑦冬休みの感想発表会**
放課後	**放課後**
⑧宿題のコメント記入と確認印	⑧宿題の確認印など（宿題チェックの残り）
	⑨授業開きの準備＆他の業務

　「冬休みの感想発表」では、教師は子供の成長の確認ができ、子供たちにとっても友達のがんばりを学び合う良い機会になります。まず、がんばったこと（大掃除の手伝いや行事への参加、正月の遊び、宿題や2学期までの復習、縄跳びなど）と楽しかったことを具体的に聞き出し、黒板に箇条書きでまとめます。次に、話の型を伝えます。例えば、「私が、冬休みにがんばったことは大掃除です。学校の大掃除で学んだことを生かして、家でも汚れている場所を自分で見つけて、進んで掃除をしました」といった形で学級全員が発表し、言語活動の充実を図ります。

　こうして、時短術を実践することで子供たちの活動を増やし、冬休みのがんばりを認め、励ますことができます。また、感想発表を通して、子供の話す力や聞く力を育むことができます。がんばった友達から学び合うことで、お互いを高め合う雰囲気も生まれます。

　放課後には、授業開きの準備や校務分掌など他の業務をする時間まで生まれます。事前に準備をするだけで、時間を上手に使うことができ、気持ちに余裕が生まれるのです。

4 学年最後の学級活動
—学年のまとめをしよう—

1. 学年最後の学級活動

　1年間の締めくくりとなる学級活動です。4年生の場合、次年度からは委員会活動も始まり、学校のために行動しなければならない高学年となります。また、年齢としては10歳となる学年であり、ちょうど節目の年でもあります。しっかりとこれまでの出来事を振り返り、次年度へつなげていくことが大切です。

　最後の学級活動に向けて、担任は早めに計画を立て、動き始めることが必要です。それではどのように進めていけばよいのか見ていきましょう。

2. 最後の学級活動でできること

　最後の学級活動も、できる限り子供たちの意見を聞き入れながら取り組んでいくことが大切です。学年の最後にみんなで何をしたいか、学級会で話し合って決めてもよいでしょう。子供たち全員が意欲を持って活動できるものになるよう、担任がサポートします。

　その際、学級ごとにばらつきが出ないように、学年の教師としっかりと打ち合わせをしておくようにしましょう。

　それでは、具体的な活動例を紹介します。

（1）将来のぼく・わたし

　将来の目標となる自分の姿を一人一人発表します。ただ単に言葉で伝える発表ではなく、用紙に将来の目標を書かせた上で、発表後にそれを冊子にするという方法もあります。冊子にすることで、大きくなった後に見返すことのできる思い出の品になります。

（2）スポーツ大会

　1年間行ってきた体育の学習の振り返りとして、スポーツ大会をします。学級だけで行ってもよいですし、規模によっては学年全体で実施してもよいでしょう。

　あるいは、5年生と交流するという方法もあります。上級生の存在感を肌で感じ、高学年に仲間入りをする意識を養うとともに、来年度からは同じ高学年として一緒に学校を盛り上げていこうとする気持ちを育むことができます。

（3） 2分の1成人式

　20歳の2分の1にあたる10歳になったことをみんなでお祝いする式です（成人となる年齢は2022年に20歳から18歳に引き下げられますが、10歳という節目の年をお祝いするとよいでしょう）。

　年度の最後の授業参観にこの活動を計画し、これまで育ててくれた保護者や教師に歌や手紙などで、感謝の気持ちを伝えるのもよいと思います。その場合、それぞれの家庭の事情を踏まえた上で、実施できるかどうかを判断しなければいけません。

（4） 1年間の歩みを振り返る

　この1年間の活動を振り返ることのできるものが用意されているとよいでしょう。そのために、日頃から活動や行事を写真に撮りためておくと便利です。その写真を画用紙に貼り、教室の壁に活動後に掲示していくと、子供たちも見返すことができ、年度の最後にまとめて準備する手間もなくなります。それぞれの活動で印象的だった発言や感想を吹き出しで書いておくのもよいでしょう。

　1年間の終わりに、教室の壁を囲うようにこれらが掲示されていると、教師も子供たちも1年間の達成感を味わうことができます。

（5） 学級目標を振り返る

　年度当初に掲げた学級目標は、年度末に取り外すだけではいけません。最後に必ず、達成できたことと達成できていないことを明確にします。もし、達成できていないのであれば、どうすれば達成できるのかを学級で話し合い、達成に向けて最後に何ができるか計画を立てましょう。

5 修了式
―修了式の学級指導―

1. 基本的な考え方

　修了式は、4年生の学習の課程が修了したことを校長先生から認めてもらう大事な行事です。ただ、修了証（通知表）を配って終わりではありません。一人一人が4年生での成長を振り返った上で、来るべき高学年に向けて、低学年の見本となる行動、態度で式に臨むよう声を掛けることが大切です。

2. 修了式に向けた準備

（1）学習・生活の振り返り

　修了式に向けた準備として、クラスの皆ができるようになったこと（身に付いたこと）を皆で発表し合い、まとめます。黒板に短い文で書き表すとより効果的です。次に、それを踏まえて個々に自己の振り返りを行います。具体的に振り返り、文にまとめさせます。

【子供の振り返り例】

○学習面

・漢字練習を毎日、丁寧な字で行うことができ、テストの結果にも表れました。
・算数のわり算の計算に取り組み、間違えることなく答えることができました。
・1週間に1冊以上の本を読み、年間で100冊読みました。
・毎日、休み時間に校庭を3周走ってから友達と遊ぶようにし、持久走では昨年よりも着順を上げることができました。

○生活面

・廊下を静かに歩き、階段を駆け上がらないようにできました。
・靴のかかとをそろえたり、ロッカーの整理をしたりと身の回りの整頓を心掛けて行うことができました。
・休み時間の前に、次の学習の準備をすることができました。
・下級生が泣いていたとき、優しく声を掛け、助けてあげました。
・無言清掃をがんばることができました。

※書いている途中でも、よく振り返ることができている子の文を紹介すると、他の子が書く際に参考となります。

（2）高学年として望ましい態度

　教師が言う、「高学年として望ましい態度」とは何かを具体的に示します。教師が、育成したい内容を明確に整理できていなければ、子供たちは思い描くように成長することはできません。以下のように具体的に伝えます。

> 　4年生では、学習に臨む姿勢（学習用具の準備、時間に余裕を持って着席するなど）や生活規律（整理整頓、時間を守ること、感染症予防、廊下歩行など）について考えて行動することができるようになりました。これからは、皆が見本となって示していく番です。これまで、高学年の立派な姿を見習って成長してきたように、これからは皆で下級生の目標となりましょう。その初めの行事が、修了式です。望ましい態度で参加し、立派な高学年を目指して進級しましょう。

3. 修了式後の学級指導

　修了式が終わった後は「大変立派な態度で、修了式に臨むことができましたね。どのような気持ちで臨みましたか」と子供に問い掛けます。すると、「相手の目を見て、うなずきながら話を聞きました」「背筋を伸ばすなど姿勢に気を付けました」などと発表してくれます。そこで、「皆の背中を後ろから見ていて、立派な高学年になるんだという決意を感じました。立派な4年生へと成長しましたね」と、式での様子を褒めます。子供たちは、褒められてもなお緊張感を持って聞いているため、「少し、肩の力を抜きましょう。肩を高く上げて、ストーン。繰り返します」と言って和ませます。その後、修了証を渡し、冬休みの過ごし方、新学年の始業式について話します。冬休みの過ごし方については、高学年として見本となる態度や行動をすることを忘れないように伝えます。

4. 別れの黒板

　黒板もしくは模造紙などを用意し、皆への感謝や目標を綴るメッセージスペースを作ると子供たちは喜びます。

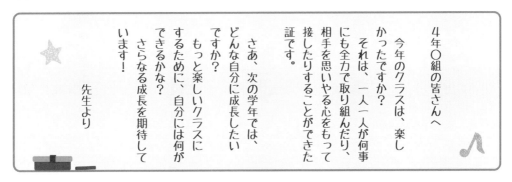

> 4年〇組の皆さんへ
>
> 　今年のクラスは、楽しかったですか？
> それは、一人一人が何事にも全力で取り組んだり、相手を思いやる心をもって接したりすることができた証です。
>
> 　さあ、次の学年では、どんな自分に成長したいですか？
> もっと楽しいクラスにするために、自分には何ができるかな？
> さらなる成長を期待しています！
>
> 　　　　先生より

いつでも使える！
学級経営の小ネタ&小技

　学級というのは、担任のちょっとした工夫や働き掛けで、良い方向へ向くことがあります。この PARTでは、日々の学級経営で使える小ネタや小技の数々を紹介していきます。

子供の主体性を伸ばす小ネタ&小技
ー教師の意図的な支援がポイントー

1. 主体性を育む学級経営の注意点
（新学習指導要領に触れつつ）

　新しい学習指導要領では、学習する子供たちの視点に立ち、その指導で「何ができるようになるのか」を明確に示すことが重要になってきます。子供の「主体性」を育むためには、①子供の個性を伸ばす教師の的確な支援、②できるようになったことを具体的に褒める、という二つのことが大切です。

2. 主体性を育むための具体的工夫

（1）当番活動で主体性を育む実践

①行動をすぐに褒める

　例えば、窓当番が、朝に窓を開ける様子を確認します。そこで、すかさず「○○さんが、登校してすぐに窓を開けてくれるおかげで、いつも教室の空気が新鮮で、気持ちが良いですね」と感謝の気持ちを伝えます。すると、朝だけでなく休み時間も欠かさず換気をするようになります。1カ月後には、廊下の窓の換気も行うようになるかもしれません

②全体の前で行動を褒める

　帰りの会では、必ず3人以上の子供を褒めるように努めます。「今日の移動授業の際に、整列の時間と持ち物を呼び掛けてくれた友達がいました。そのおかげで、皆が時間を意識することができ、忘れ物をすることなく学習に取り組むことができました。ありがとう」などと、皆のためにした行動とそれに対する感謝の気持ちを伝えます。すると、次の日の授業では、学級の半数が声を掛け始めます。1週間後には、全員が時間に余裕を持ち、静かに整列してくれるかもしれません。子供の主体性を育むためには、教師が子供の成長を見逃さず、できるようになったことに対して日々声を掛け続けることが大切なのです。

③保護者に成長を伝える

　子供ができるようになったことを保護者に一筆箋や連絡帳を通して伝えます。「今日、休

み時間にけがをして泣いている１年生に、励ましの声を掛けながら、保健室まで連れて行ってくれました。その姿に成長を感じました。ご家庭でも話題にしていただけたらうれしいです」と簡単な文で伝えます。子供には「今日の○○さんの優しい行動に感動しました。クラスみんなで成長できるように、これからも手本となっていってね。その素敵な行動を早く○○さんのお家の方にお伝えしたくて手紙を書きました。帰ったらすぐに渡してね」などと声を掛けます。すると、行動や言動に変化が現れるようになります。子供は、お家の人に褒められることが何よりもうれしいものです。学校と家庭が連携して、子供の成長を認め励ますことで、より主体性を育むことができます。

（2）授業で主体性を育む実践～教師の意図的な支援で主体性を育む～

　ここでは、子供たちの主体性を引き出す国語の授業例を紹介します。

　「これは漢字の学習です。一画の漢字をノートに書きましょう」と、まずは皆で学習の流れを確認します。そして、「一と書けた人は正解です」と伝えます。

　次に、「二画の漢字を一つ書けたら先生のところにノートを持ってきましょう」と伝えます。少し難易度は上がりますが、二画くらいだと全員が自信を持って書きだします。そこで、普段はあまり勉強が得意でないと言っている子を意図的に指名し、黒板に書かせます。すると、周りから称賛の声が上がります。この瞬間、その子はがんばろうと決意してくれるかもしれません。

　二画の漢字を確認した後、「皆で考えを出し合うと、一人では一つしか出てこなくても、二つ三つと学びが増えます。これからも、皆で一生懸命知恵を出し合い、学び合いましょう」と声を掛けることで、発表することへの抵抗感が減ります。

　「では、続けます。次は、三画の漢字を一つ書けたら持ってきましょう」と難易度をさらに上げます。どの子もこれまで学習したことを思い出しながら、夢中で考えます。そのタイミングで、「これまで学習したことを思い出そうとすると、脳がたくさん働き、成長していきます」と熱中することの大切さを伝えます。教え合う姿が見られたら、「友達に教えると、考える力と伝える力が付きます。聞く人は、聞く力と考える力が付きます。どちらも学びに向かう姿勢が素晴らしいですね」と褒めます。

　画数が増えるにつれて、難易度が上がります。すると、学び合いが活発化し、漢字が得意な子の活躍の場をつくることができます。授業中に「お客さん」になる子はおらず、全員が考え、発表し、学ぶ楽しみを味わうことができます。子供の主体性は、教師の意図的な支援で育むことができるのです。

2 子供の協調性を伸ばす小ネタ&小技
―より良い社会生活を送るために―

1.「協調性」とは

　2017（平成29）年告示の新学習指導要領では、「主体的・対話的で深い学び」からの授業改善が求められています。そうした流れからも、子供たちがより良い社会生活を送るために、協調性は必要不可欠な資質・能力であると言えます。

　小学校において育みたい「協調性」を具体的な言葉にすると、概ね右のようなものとなります。日々の学級経営においてはもちろん、学習指導においても意識しておきたいところです。

> **小学校で育みたい「協調性」**
> ●助け合う力
> ●ゆずり合う力
> ●自分とは違う考えを持っている
> 　友達を認める力

2.　協調性を育む学級経営

　学校生活において子供たちは、学級や学習班、当番活動、係活動など、ほとんどの時間をどこかのグループに属して生活しています。その意味でも、自分自身も友達も心地良く過ごすためには、「集団の中で生活している」ということを子供たちに常に意識させることが大事です。

　しかし、意識しているだけでは、協調性は育まれません。やはり、教師の意図的・計画的な「仕掛け」が必要です。

　学級経営においては、学習班や当番活動、係活動などの小グループでの取り組みと学級全体での取り組みに分けて計画するとよいでしょう。大前提として、どの取り組みにおいても「友達の考えを認める（否定しない）」ことを子供たちと約束しておくことが大切です。

（1）学習時における「○○タイム」

　学習時に、目的をはっきりさせて、子供たちに相談させる時間を取ります。例えば、次のような例が挙げられます。

国語の「向上タイム」…完成した下書きを見せ合って、より良い文章にします。
社会の「発見タイム」…資料をもとに、協力して課題解決に向かいます。
理科の「予想タイム」…課題に対しての予想を話し合います。
算数の「解決タイム」…分からない問題を教えたり、教わったりします。

（2）係活動

　学級をより良く、より楽しくするために、係活動を充実させます。目標に向かって取り組む中で、子供たちは、協力することの大切さを実感することができます。3〜4週間に1回くらいのペースで「振り返り」の時間を取ると、より主体的な取り組みになります。

係活動「振り返り」ポイント

● 役割分担をして取り組めたか。
● 担当以外のことを手伝えたか。
● 新しい提案を話し合って、取り組めたか。
● 他の係の活動に協力できたか。

（3）アイスブレイク「文字探し」

ねらい	：友達と助け合う
用意するもの	：新聞紙、色ペン

① 3〜4人のグループをつくり、グループ内での順番を決めます。
② 各グループに、新聞紙を1枚ずつ配ります。
③ 教師がお題（漢字や仮名など）を出して、見つけたら○をつけていきます。
④ 1回ごとにお題を出します。制限時間は、1人1分間です。
⑤ 自分の番以外では○を付けることはできません。ただし、一緒に探して教えてあげることはできます。
⑥ 全員終了したら、見つけた数の合計を黒板に書きます。

　なお、始める前に「全員で○個」と目標を黒板に書きます。目標値の目安が分からない場合は、10〜20秒で練習してみた上で決めます。お題は「は」「と」「す」などのひらがな一文字は簡単です。「日」「人」「大」などの漢字や、「感動」などの単語になると難易度が上がっていきます。

―― 参考文献 ――
・江越喜代竹『たった5分でクラスがひとつに！ 学級アイスブレイク』（学陽書房）

3 外部の人との連携の小ネタ&小技
－連携する際のポイント－

1. 外部人材との連携の重要性

　教育活動を進める上で、外部の人とのつながりはとても大切です。

　近年の学校現場では、一教員が担当する学年を自由に選べることは珍しく、1～6年まであらゆる学年を担任していくことが求められます。その上で、学校としての教育レベルは落とすことなく、向上させていくことも必要です。ただでさえ多忙で大変な学校現場において、教員のみの力でそれを実現していくことは、とても労力のいることです。その意味でも、外部の人材と連携することが重要となってきます。

　「連携する」と言っても、ただ単に外部の人を呼べばいいというものではありません。教師の中には、毎年ゲストティーチャーとして来てもらっている人に、前例踏襲的に依頼している人もいるかもしれませんが、外部の人に来てもらうことが目的にならないように注意しなければいけません。学年や学級の子供たちの実態を踏まえ、子供たちに付けたい力を効果的に達成するための手段として、ゲストティーチャーに依頼をすることが重要です。

2. 外部人材との連携における具体的な工夫

　一口に「外部人材」と言っても、実にさまざまな人がいます。

> ●ゲストティーチャー　　　●スクールカウンセラー
> ●スクールサポートスタッフ　●学習支援員・ボランティア

　その中には、教員免許状を持っている人もいれば、持っていない人もいます。その意味でも、授業の全てを任せてよいわけではありません。

　教師はこれら多様な外部人材と上手に付き合っていくことが大切です。ここでは、実際に外部の人材と連携していく上でのポイントを見ていきます。

（1）教師の指導の意図を伝える

　外部人材は、その道のプロかもしれませんが、教えるプロではありません。子供たちに何を身に付けさせたいのか、まずは教師自身が明確にしましょう。その上で、外部の人に何を指導してもらいたいのか、意図を伝えることが重要です。

（2）子供たちに事前アンケートを取る

　ゲストティーチャーを招いて授業を行ったものの、子供たちの反応がいまいちで、盛り上がりに欠ける授業になってしまうことは珍しくありません。その原因の一つに、打ち合わせ不足が挙げられます。できれば、打ち合わせの前に子供たちにアンケートを取り、興味・関心を持っていることを調査しておくとよいでしょう。打ち合わせで、より深い話し合いができるはずです。

　また、子供たちが質問したい内容が事前に分かっていれば、教師がテレビ番組のリポーターのように、ゲストティーチャーにインタビューをするような授業展開にすることもできます。

（3）子供たちが主体的に参加できるように工夫する

　例えば、体育の学習でタグラグビーを教えるために、地域の名人を呼ぶとします。どのような流れで子供たちに紹介すれば、効果的でしょうか。

　唐突に「今日は○○の名人に来てもらいました」では、教師発信の活動となり、子供たちの意欲は高められません。

　例えば、単元の学習の中で、子供たちから「得点することが難しい」という意見が出たときに、「がんばっている君たちのため、今日は救世主が来てくれたよ！」と言って登場してもらえば、その場は間違いなく盛り上がります。子供たちを主体的に活動に参加させるには、自然な流れの中で紹介するのが効果的です。

（4）感謝の気持ちを伝える

　外部の人との連携は、毎年引き継がれていきます。地域のボランティアなどは、あらゆる側面から学校を支えてくださる存在であり、そのつながりは大事にしていかなければなりません。

　そのためにも、活動後にはしっかりと子供たちからのお礼の手紙やメッセージなどを渡して、感謝の気持ちを伝えましょう。その際、気を付けたいのは、教師から「書きなさい」と指示を出すのではなく、子供たちから「お礼の気持ちを伝えたい」との意見が出るように仕向けることです。

4 学習評価・通知表の小ネタ＆小技
―指導と評価の計画で決まる―

1.「的確な指導と評価」で子供の信頼をゲット！

　「的確な学習指導・学習評価」は、子供の持つ力を伸ばし、子供からの信頼を得ることができるため、「望ましい学級経営」へとつながります。教材研究の時点で、学習指導と学習評価を具体的に示しておくことが重要です。

2.「学習における指導と評価」の仕事術（実践例）

　若い教師の中には「指導と評価規準はどのように定めているか」「子供たちの伸びを的確に評価するためにしていることは何か」との疑問を持つ人がいますが、教材研究の時点で、子供の伸ばしたい力を明確に示すことが大切です。**事前の授業準備ですべきことを三つ**と**授業後にすべきことを一つ**行うだけで「指導・評価・通知表（成績と所見）」を計画的に進めることができるようになります。

　事前の授業準備でやるべきことは、①学習指導要領を読み込む、②具体的な評価規準を明確にする（子供にも示す）、③子供たちへの発問、指示、支援を具体的に考えるの三つです。授業後にすべきことは、①指導して子供ができるようになったことを記録することです。以下に、具体的な実践例を紹介します。

---

①学習指導要領を読み、B評価を具体的に示す。
②子供の実態に合わせて、C評価とA評価も具体的に示す。（毎時間学習指導したことに対する評定を行う。必ず子供に規準を示す。）
③教師の発問や指示、支援でC評価の子供を伸ばすよう努める。また、身に付けさせたい力をB評価の子供に具体的に伝え、A評価を目指そうとする意欲を高めるようにする。（B評価とA評価の子供をどちらも具体的に褒める。身に付いた力は必ず褒め、さらなる成長へとつながるような言葉掛けを欠かさない。）
④子供に指導した学習内容で定着が図れたものは、文章で記録しておく。

　上記のことを日頃から行うことが、①安定した指導、②より正確な評価、③子供の自己肯定感の向上、④学期末の成績処理と所見作成の効率化につながります。

3. 「生活における指導と評価」の小ネタ（実践例）

「気持ちの良いあいさつをしよう」を生活目標にした月の実践例を紹介します。

まず、朝の会の「先生の話」で、黒板に「10/28」と数字だけを書き、子供たちに「これは何を表しているでしょう？」と問い掛けます。すると、子供たちは「先生の誕生日」「先生の好きな数字」などと次々に発言し始めるので、すぐに「違います」と答えます。ここで分母の28という数に着目させると、勘の良い子は学級の人数であることに気が付きます。

そこで、「では、分子の10は何を表しているでしょうか」と問い、考えさせます。そして、「この数は、今朝教室で元気良くあいさつをしていた人の数です。気持ちの良いあいさつは、人と人との心をつなぎ、学級全体に良い雰囲気を作ってくれます。明日の朝も、気持ちの良いあいさつをしている人をたくさん探します。何人になるか、楽しみにしています」と伝えます。

すると、翌日の朝は、教室中に気持ちの良いあいさつが響き渡ります。そして、金曜日の帰りの会でもう一度黒板に「28/28」と書き、「この数字は何を表しているでしょう」と問います。すると、子供たちの顔には笑みがこぼれます。

子供たちに感想を聞くと「あいさつをし合うと元気が出る」「仲が深まった」「これからも続けていきたい」などの声が上がります。

4. 成績処理の時短術（図工）

図工の作品の評価は、子供が鑑賞を行っている際に行います。また、鑑賞の評価は、鑑賞カードを書き終えた子供から提出させ、随時評価していきます。そうすることで、放課後わざわざ教室へ行き、作品を見ながら成績を付ける必要がなくなります。また、その場で本人に聞いて確認することもできるため、子供の思いや努力を聞き出すこともできます。さらには、授業内で評価を行うことで、授業の最後に優れた作品、優れた観賞の視点を取り上げることもできます。友達の優れている部分を広めることで、全体の学びを深めることもできます。

しかし、指導した内容をどのように評価するのかを明確にしておくことが大前提です。前述したように、教材研究の段階で指導事項と評価規準を明確に示しておきましょう。どの教科においても指導と評価は一体であるという認識を持つことが、子供のがんばりを認め励ます指導となり、何事にも全力で取り組む子供の育成につながっていきます。

5 保護者対応の小ネタ＆小技
－保護者は大切なパートナー－

1. 学級経営は保護者と協力して

　保護者は、「子供の成長を支える大切なパートナー」です。

　年間を通して、常に保護者と協力しながら子供の指導をしていく姿勢を忘れてはいけません。担任の指導方針や家庭で協力していただきたいことなどを学級通信や保護者懇談会を通じて必ず伝えましょう。学級での指導もしやすくなります。

　例えば、学級通信や懇談会で次のようなことを伝えるとよいでしょう。

● 「宿題」について

　学習の定着を図るために、漢字・計算・音読の宿題を毎日出します。個人差が出ると思いますが、4年生ですので、1日40分（学年×10分）程度の学習内容と考えています。終了後に確認のサインをお願いします。間違いをすぐに直すと学習効果が上がりますので、お時間があるようでしたら内容をご確認ください。また、宿題が提出できなかった場合は、休み時間に取り組ませます。

● 「忘れ物」について

　忘れ物をした場合は、子供自身が、連絡帳に赤鉛筆で忘れ物の内容を書きます。それをご確認いただき、サインをお願いします。保護者の方が連絡帳を見ていただけたか、翌日に私が確認いたします。学校でも、予定や持ち物を連絡帳にしっかりと記入させます。4年生として、「自分のことを自分で」できるように指導してまいりますが、まだまだ苦手な子供もいます。ご家庭でもお声掛けをお願いいたします。

● 「日頃の接し方」について

　自分自身で管理し、しっかり取り組めているときは「さすが4年生！」と、たくさん褒めてあげてください。でも、できていないときに「もう4年生なのに！」は禁句です。自己肯定感が下がってしまいます。そっと声を掛けてあげてください。

---

2. 保護者の信頼を獲得するために

（1）学級通信で学級の様子を伝える

　保護者は子供が学校でどんな様子なのか、いつも気にかけているものです。学級通信には写真も入れて学級での取り組みを伝えましょう。子供の作品や作文を載せると、保護者も子供も喜びます（必ず１年を通じて全員が載るようにチェックしておきます）。図工の材料や宿題で協力していただきたいことも、早めに伝えておくとよいでしょう。学級の様子で特に良い行いはたくさん記載して、褒めましょう。一方で、時に良くなかった出来事や学級の課題を正直に書くことも必要です。

> 「最近、忘れ物が目立ってきました。」
> 「残念なことが起きてしまいました。先週、同じ子の消しゴムが二度もなくなり、トイレに捨てられていました。」

　こうしたことを伝える際は、状況だけでなく、担任の考えや指導したこともしっかりと記載し、前向きな文章になるよう心掛けます。また、名前は出しません。内容によっては配慮が必要になるので、学年主任や管理職にも見てもらいましょう。

（2）連絡帳で褒める

　「〇〇集会で、司会を立派にやり遂げました」「校外学習の学年実行委員に立候補しました」「給食をこぼしてしまった友達に駆け寄って、片付けを手伝ってあげました」など、連絡帳に書いてあげましょう。褒められたことが記録に残っていると、子供はそれを見て、「また、がんばろう」という気持ちになるものです。保護者にも、子供をしっかり見ていることが伝わるでしょう。

（3）保護者からクレームや要望があったときは

　保護者は大切なパートナーです。まずは、保護者の気持ちに共感しながら、話をよく聞くことが大切です。記録もしっかり取りましょう。

　また、担任一人で抱え込まず、必ず学年主任と管理職に伝え、チームで対応することが大切です。そうすることで保護者も「学年や学校全体で考えてくれている」「学校全体の問題と捉えてくれている」と感じ、信頼感が生まれます。

　迅速に対応することはもちろん大切ですが、焦って対応すると間違った情報を伝えてしまうこともあります。事実関係等を正確に把握した上で、適切に判断していきましょう。

6 提出物処理の 小ネタ＆小技
―望ましい学級経営のための時短術―

1. 提出物処理と学級経営（基本的な考え方）

　学校には、たくさんの提出物があります。毎日提出される宿題の他にも、ペーパーテストや授業評価をするためのノート、連絡帳など挙げたらきりがありません。これらの返却が遅いと、子供の学力の定着が図れなかったり、保護者の不信感を買ったりすることもあります。そこで、提出物処理を円滑に進め、望ましい学級経営をするための工夫をいくつか紹介したいと思います。

　初任の頃、提出物の処理に時間が取られて困った経験は、誰にでもあるのではないでしょうか。若い教師にどのようなことで困っているかを聞くと、①日々の宿題と連絡帳の確認が間に合わなくて困る、②テストの丸つけに時間がかかる、③長期休み後に提出される宿題の確認に時間がかかる、といったことに悩んでいるという声をよく耳にします。

　提出物に教師がきちんと目を通すことで、子供の学びに向かう意欲を高めることができ、保護者との信頼関係も築くことができるのです。

2. 子供と保護者の信頼を獲得する具体的な工夫

（1）日々の宿題と連絡帳の確認

①決まり事を決める

　宿題も連絡帳も、学校についたらすぐに提出することを子供たちと約束します。宿題は、提出した順に一言コメントを入れてすぐに返していきます。がんばったことをすぐに褒められると、子供はうれしいものです。この取り組みによって、教師は朝から全ての子供と会話をすることができ、全員を認め励ますことができます。子供からは、「すぐにノートを見てくれるからうれしい」「励ましの言葉で1日がんばれる」などの声が聞かれます。提出物の処理は、「素早く確認・素早く返却」することが、望ましい学級経営につながるのです。

　連絡帳など保護者からの提出物は、教師の机に提出するよう伝えます。そうすることで、連絡帳への返信を忘れずに行えます。これは、保護者との信頼関係を築く上でも、推奨したい取り組みです。また、子供がけがを負った場合は、そのけがが小さくても、連絡帳で状況と学校の対応を伝えておくと保護者は安心します。

（2）効率の良いテストの丸つけ

ペーパーテストは、子供たちの記憶が新しいうちに返却し、復習させることで学習内容の定着が図れます。丸つけを効率良く行える方法を二つ紹介します。

①観点別に丸つけ

ペーパーテストは、必ず観点ごとに問題が並んでいます。その観点ごとに全員分の丸つけをします。そうすることで丸つけの効率が上がります。テストを束ね、左右どちらかの隅をクリップでとめ、めくりながら丸つけを進めると、効率良く丸つけができます。

②終わった子から提出させる

中学年になると、テストを解く時間に差が出てきます。そのため、見直しも終わった子には先に提出させ、教師はどんどん丸つけを進め、成績を記録します。すると、早く終わった子は自主勉強（テストの教科以外）や読書でさらに学びを深める時間ができます。全体の提出が早い場合には授業時間内に返却を行えば、子供たちはその日のうちに復習することができます。テストの即日返却は、記憶が新しいうちに見直しができるため、子供にも保護者にも喜ばれます。その日の家庭学習ノートに間違えた問題を復習して、習得してくる子も増えます。

（3）長期休み後に提出される宿題の確認

①宿題名を付けたかごを用意する

長期休み後の宿題の量は、かなりの量に上ります。そのため、提出用のかご（A3サイズ）を宿題ごとに用意すると、提出作業が円滑に進みます。また、丁寧に重ねて提出するようになります。一つ工夫を加えるだけで、指導が減り、子供の行動が劇的に変わります。

提出かご

②印やコメントを入れて返すものを分類する

あらかじめ、確認印だけで返却するものと、コメントを記入して返却するものを学年の教師同士で話し合っておくと、仕事の効率が上がります。

印を押すものは提出されたものから順に素早く確認し、確認印を押していきます。コメントを記入するものは、がんばりを認める言葉を添えます。子供ががんばった課題には、コメントを入れてあげることをお勧めします。子供の意欲向上につながるからです。

教師と子供たちの明るい未来に向けて

　本書「はじめて受け持つ小学校4年生の学級経営」をお読みくださり、心から感謝申し上げます。「はじめに」で書いたように、本書は子供たちに「主体性」と「多様な他者と協働する力」を養うことを目指し、そのためのネタや工夫等がたくさん盛り込まれています。

　ただ、読んでいただいて分かるように、専門的な理論や理屈は、ほとんど書かれていません。それは、学級経営に困っている現場の先生に、即戦力となる情報を提供することで、不安や負担を少しでも軽減してほしいとの思いで編集しているからです。もし、「主体性」とは何か、「協働」とは何かと、理論的なことをもっと突き詰めて学びたいという方は、ぜひ他の専門書等を当たってみてください。

　今、学校は「大変な時代」を迎えています。新しい学習指導要領では、「主体的・対話的で深い学び」が導入され、これまでのコンテンツベースの学びから、コンピテンシーベースの学びへの転換が求められています。また、小学校においては教科としての外国語（英語）やプログラミング教育なども、教育課程に入りました。さらには、GIGAスクール構想で1人1台のデジタル端末が入り、それを活用した学習活動も求められています。

　次から次へと降ってくる教育改革と、ますます多様化する子供たちを前に、疲弊気味の先生も少なくないことでしょう。2021年度から、段階的に「35人学級」になるとはいえ、要求されることがこのまま増え続ければ、負担は一向に減りません。教育行政には、教師の負担軽減に向けて、抜本的な改善策を講じてほしいところです。

　多忙化解消に向けて、教師自身でできることは何かといえば、仕事を効率的にこなしていくことです。換言すれば、「手を抜くところは抜く」ということでもあります。「そんなこと、子供のことを考えたらできない」と言う先生もいるかもしれませんが、仕事を効率化することが、必ずしも子供のマイナスに作用するとは限りません。

　日本の学校教育は世界的に見ても非常に手厚く、面倒見が良いと言われています。一方で、そうした手厚さが、子供たちの主体性を奪い、受け身の指示待ち人間を育ててきたとの指摘も、最近は多くの教育関係者がしています。「手を抜く」と言うと聞こえが悪いですが、ある程度は子供自身に活動を委ね、手放していくことも必要との見方もできます。何より、

「子供のために」と、教師ががんばり続けた結果、心身を壊してしまったら元も子もありません。実際に、そうした先生方が全国にはたくさんいます。

　そうした観点から、本書では効率的に学級経営ができる工夫や小技なども数多く紹介してきました。その多くは、全国のどの学校、どの学級でもすぐに使えるものです。実際に実践してみた先生の中には、「子供たちが大きく変わった」と言う人もいます。学級経営が変わり、子供が自主的・主体的に動くようになれば、教師の負担も少なからず軽減されます。

　また、これからの小学校教師には、1〜6年の全ての学年を受け持つ資質も求められています。中には「私は低学年のスペシャリストになりたい」などと考えている人もいるかもしれませんが、そうした意向が通らない時代になりつつあるのです。その意味でも、1〜6年生の全ての学年の学習内容を把握することはもちろん、発達段階的な特性なども理解した上で、学年に適した学級経営もしていかねばなりません。学年別で編集された本書は、そうしたニーズにも対応する形で執筆・編集されていますので、ぜひ参考になさってください。

　2020年から猛威を振るう新型コロナウイルスにより、学校の教育活動には多くの制限がかかっています。係活動や当番活動、学級会なども、これまで通りのやり方ができず、苦労をされている先生も多いことでしょう。本書で紹介した実践の中にも、感染症等が蔓延している状況においてはそのまま実践するのが困難なものもあります。実践方法を工夫するなどしてご活用ください。

　より良い未来を築くために、子供、教師、保護者、地域の方々等、学校教育に関わる全ての人々が幸せになれる教育活動を共に実践、推進していきましょう。

　子供たちや先生が伸び伸びと活動できる素敵な日々が続くことを祈っています。

2021年3月

小川　拓

編 著

小川　拓（おがわ・ひろし）

共栄大学准教授／元埼玉県小学校教諭

1970年、東京都生まれ。私立、埼玉県公立学校教諭・主幹教諭を経て、2015年度より共栄大学教育学部准教授。2007年度から埼玉県内の若手教職員を集めた教育職人技伝道塾「ぷらすわん塾」、2015年より「OGA 研修会」（教師即戦力養成講座）を発足させ、若手指導に当たっている。主な図書に『効果2倍の学級づくり』『できてるつもりの学級経営9つの改善ポイント―ビフォー・アフター方式でよくわかる』『子どもが伸びるポジティブ通知表所見文例集』（いずれも学事出版）他がある。

執筆者

足達　祐子（埼玉県川口市立元郷南小学校教諭）

井上　　勉（神奈川県横浜市立馬場小学校教諭）

入江　福也（埼玉県幸手市立さくら小学校教諭）

大久保 雄樹（埼玉県川口市立芝樋ノ爪小学校教諭）

高橋　美穂（埼玉県上尾市立大谷小学校教諭）

はじめて受け持つ
小学校4年生の学級経営

2021年4月15日　第1版第1刷発行

編 著 ── 小川　拓

発行人 ── 花岡 萬之

発行所 ── 学事出版株式会社
　　　　　〒101-0021
　　　　　東京都千代田区外神田2-2-3
　　　　　電話 03-3255-5471
　　　　　http://www.gakuji.co.jp

編 集 担 当 ── 二井　豪
編 集 協 力 ── 株式会社コンテクスト
デ ザ イ ン ── 細川 理恵（ホソカワデザイン）
印刷・製本 ── 精文堂印刷株式会社

ISBN978-4-7619-2696-0　C3037